START 시작의 기술

START

시작의 기술

크리스 로프레스티 지음 도지영 옮김

미국 상위 1퍼센트, 예일대 사업가들의 집단지성

션 글래스 Sean Glass

예일기업가협회 창립자, 학자금 융자 지원 회사 하이어원 홀딩스 창립자, 스타트업 지원 벤처 캐피털 액셀프라이즈 창립자, 의료서비스 제공 회사 어드밴시아헬스 창립자 겸 CEO

추천의 글

어떤 아이디어를 떠올리고, 그 아이디어를 현실화할 방법을 찾고 있는가? 지식, 자원, 창의력을 모아 세상에 가치를 더하는 무언가를 만들길 원하는가? 그렇다면 당신은 이미 창업자 정신을 가진 것이다. 창업자 정신이라 하면 사람들은 보통 큰 기술 기업을 세우는 일, 혹은 작은 사업을 시작하는 일이라고만 생각한다. 하지만 창업자 정신이란 그런 게 아니다. 글을 쓰기로 마음먹고 책을 출판하거나, 기업 내에서 새로운 제품을 만드는 일 또한 창업자 정신을 바탕으로 한다.

예일대에 입학했을 당시 나는 앞으로 어떤 사람이 되고 싶다는 확실한 생각 같은 것이 없었다. 때는 1998년, 새로운 밀레니엄을 맞이하기 위한 행사 준비가 시작되던 즈음이었다. 여러 잡지가 지난 100년을 돌이켜보고 정리하는 특집을 펴냈는데, 그 가운데 특히 내 눈길을 끈 기사가 있었다. 지난 세기 위대한 100인의 창업가를 소개하는 내용이었다. 그 글을 읽던 중 나는 갑자기 깨달음을 얻었다. '그래, 바로 이거야. 이게 바로 내가 하고 싶은 일이야. 나는 기업을 만드는 일을 하고 싶었던 거야. 사업을 시작하고 회사를 만들고 싶어.' 그 즉시 내 꿈은 크고 대담해

졌으니, 바로 그 잡지의 2098호에 실리는 것이었다. (그렇다, 그때쯤이면 그 잡지는 존재하지 않겠지만, 어때, 비슷한 종류면 되지!) 내가 예일기업가협회와 학자금 융자 지원 회사인 하이어원Higher One Holdings, NYSE: ONE, 벤처 캐피털 액셀프라이즈 Acceleprise와 의료 서비스를 제공하는 어드밴시아 헬스Advantia Health 등의 회사를 설립한 것은 모두 그날을 기점으로 한다.

시간이 흘러, 나는 예일기업가협회YES, Yale Entrepreneurial Society의 다른 두 창립 자와 함께 학과장 회의에 불려 갔다. 예일대학교 학생과장인 베티 트라첸버그와 예일대학교 학부장인 딕 브로드헤드는 우리가 어떤 모임인지 알고 싶다며 물었 다. "왜 예일일까요? 왜 우리가 기업가들을 위한 곳이어야 하나요? 그리고 기업가 로서 성공하려면 무엇이 필요할까요?"

나는 이렇게 대답했다. "기업가로 성공하기 위해서는 열심히 일해야 하고, 운이 따라야 하며, 여러 각도에서 사업을 이해하는 능력이 있어야 합니다. 여기에 더해 인문학 교육은 기업가로 성공하려는 사람에게 믿기 어려울 정도로 큰 도움이 됩 니다. 예일대는 세계 최고 수준의 인문학 교육으로 정평이 나 있다."

이후 예일대 출신의 성공한 창업자를 특히 많이 만나는 특권을 누리면서, 나는 그 날의 내 설명이 정확했음을 확인했다. 조면기목화에서 씨를 제거하는 기계부터 핀터레 스트Pinterest, 이미지 중심의 SNS 서비스에 이르기까지 예일대 졸업생들은 여러 다양한 산업과 시장을 넘나들며 가치를 창조하는 능력을 증명하고 있다.

이 책은 예일대 동문 출신의 기업가와 투자가들의 집단지성과 지혜를 한 데 모 은 결과물이다. 사실 스탠퍼드, 하버드, MIT 출신 사업가들이 기업가 정신에 관해 쓴 책은 흔하다. 그러니 이번에는 예일 출신 사업가들의 이야기를 한번 읽어보면 어떨까? 이 책에 실린 경험담, 아이디어, 조언은 다른 어디서도 찾아보기 어려운 내용이다. 읽다 보면 왜 예일 동문이 회사를 세우고, 세상을 바꾸는 비영리단체를 만들고, 유명 벤처 캐피털을 설립해 성공을 거두고 있는지 그 이유를 잘 알게 될 것이다.

창업자가 되는 건 고귀한 노력을 기울여야 하는 어려운 일이다. 나아가 성공을 거두기 위해서는 경험에서 얻은 노하우와 지혜, 그리고 통찰력이 필요하다. 당신이 무無에서 창조해 내려는 것이 무엇이든, 이 책에서 성공으로 가는 실마리를 찾을 수 있으리라 확신한다. 예일대학교 학비보다 훨씬 저렴한 금액으로 말이다. 그럼 지금부터 예일대 출신으로 가장 성공한 창업자들의 인사이트통찰를 즐기길 바란다!

성공으로
가는 길을
단축하고 싶다면

머리말

이 책은 성공한 사업가들의 진실한 경험에서 나온 조언들을 모아 엮었다. 조언은 주제별로 나누었고, 주제는 사업을 키워나가는 대략적인 단계 순으로 정했지만 여러 제안이나 힌트, 팁tip, 비결과 경고 등 한 가지 주제를 넘어서는 내용 또한 담고 있다. 이 책을 최대한 활용하기 위해 처음에는 먼저 책 전체를 읽을 것을 강력하게 권한다. 이를 통해 사업가로서의 길 위에서 내려야 할 결정이나 마주할 어려움을 대하는 감각을 익힐 수 있을 것이다. 그리고 나서는 당신의 회사 또는 조직이 위치한 단계가 변화함에 따라 해당하는 장으로 다시 돌아가 기억을 새롭게 하고, 특정 문제를 해결하거나 특정 어려움을 극복하겠다는 목표를 가지고 각 조언을 받아들이면 된다. 두세 가지 조언은 잠자기 전에 읽으면 아주 좋을 것이다.

이 책에 실린 모든 조언은 글쓴이가 직접 힘들게 얻은 것으로, 기고해준 이들은 저마다 다양한 경험과 배경을 가졌다. 가장 나이가 어린 기고자는 페이팔 창업자인 피터 틸Peter Thiel이 운영하는 '20 언더 20창의적이고 독특한 아이디어를 가진 20세 이하 청년 20명을 뽑아 2년간 10만 달러의 창업 자금을 지원하는 프로그램'의 참가자 가운데 한 명이었고,

가장 연장자는 벤처 캐피털의 아버지 가운데 한 명으로 꼽히는 윌리엄 드레이퍼 3세William H. Draper III였다. 이 책에는 기술 기업으로 성공을 거둔 사업가들의 이야기도 많이 실려 있지만, 경제전문잡지 <포춘Fortune>에서 선정하는 100대 기업에 속하는 회사의 창업자, 소매 유통과 전자상거래 대기업 창업자, 유명 요리사, 베스트셀러 작가, 세계적인 비영리재단 설립자, 언론계 거물, 페이스북, 옐프Yelp. 미국 최대의 지역 기반 리뷰 사이트, 핀터레스트, 징가Zynga. 미국의 소셜네트워크 기반 게임개발업체, 애플, 시스코Cisco. 미국의 네트워크 통신회사, 야후 등의 회사에 초기 투자했던 사람들의 조언과 통찰력도 담겨 있다.

창업이라는 토끼굴로 들어가는 여행을 일단 시작하면 시간이야말로 가장 중요한 자원이라는 사실을 알게 된다. 이 책을 쓰는 내 목표이자 글을 실어준 예일대 동문들의 바람은 그들의 경험(성공이든 실패든)을 통해 당신이 위험한 상황을 피하고, 더 나은 결정을 내리며, 이렇게 아낀 시간을 이용해 당신이 몸담은 회사나 조직을 더 나은 곳으로 만들었으면 하는 것이다. 이 책에 글을 실은 어느 동문이 말했듯, 사업가라면 우리는 무언가를 빌리는 걸 부끄러워하지 않아야 한다. 당신을 위한 조언으로 가득한 이 책은 누구나 원하는 만큼 지혜와 노하우를 빌릴 수 있도록 구성했다.

예일대에서 겪었던 경험으로 나는 300년 이상의 역사를 지닌 예일대학교의 성공한 동문들로 이루어진 네트워크가 강력하다는 점에 감사하게 되었다. 예일대학교 출신들만큼이나 성공한 기업가를 많이 배출하여 훌륭한 동문 네트워크를 가진 다른 대학이 많다는 사실도 알고 있다. 그런 학교에서(혹은 그 밖의 다른 모임에서)도 이 책을 모델 삼아 구성원들의 집단지성을 모아 모임을 활성화하고, 혁신적인 아이디어를 실행에 옮기려는 다른 사람들을 도와주었으면 한다.

차례

STEP 1 결심의 기술 머릿속 아이디어를 현실에서 작동시키는 법

STEP 2 도약의 기술 비상하는 스타트업은 어떻게 탄생하는가

STEP 3 성공의 기술 시작을 넘어, 성취로 나아가기 위한 단계

STEP 4 동기부여의 기술 지속적인 성장과 거듭되는 변화의 노하우

혹자는 대기업에 취직하는 것이 가장 안정적인 선택이라 생각할지 모른다. 그러나 대기업은 복잡한 유기체이다. 대기업이 처한 위험은 스타트업이 처한 위험보다 눈에 잘 띄지 않지만 분명 존재한다. 파트너끼리 분쟁이 일어나 로펌을 날려 버리는 일부터 부서를 막론한 정리해고, 대형 사기와 회계 부정에 이르기까지. 게다가 이제는 대기업에서도 예전처럼 40년간 재직하고 정년퇴직하는 경우는 드물다. 창업의 위험성은 분명히 존재하고, 우리는 그 사실을 처음 사업을 시작할 때부터 알고 있다. 그리고 그 위험의 정도는 우리 자신의 능력에 달려 있다. 현명한 결정을 내리고, 적절히 계획하고, 필요할 때 도움을 구하면 된다. 결국, 가장 중요한 사실은 창업의 위험이 우리에게 달려 있다는 점이다.

결심의 기술

머릿속 아이디어를 현실에서 작동시키는 법

브래드 하그리브스 Brad Hargreaves
교육 전문 스타트업 제너럴 어셈블리 공동창업자

시작의 리스크는 생각보다 위협적이지 않다

처음 창업했을 때 사람들은 내게 계속 반복해서 이런 이야기를 했다. "사업을 시작하는 건 위험한 일이야. 신생 기업은 매일, 그리고 매사가 치명적인 위협이야." 그런데 개인이 세운 벤처기업은 몹시 위험하지만 정작 사업가란 직업은 상대적으로 안정적이라는 이야기를 해 준 사람은 아무도 없었다.

물론 사업을 시작하는 건 위험한 일이다. 여기에는 반박의 여지가 없다. 새로 생긴 회사는 대부분 문을 닫고, 소유주도 함께 무너진다. 하지만 그런 회사 출신의 많은 창업자가 실패를 딛고 다시 일어서서 더 크고, 좋은 사업을 벌인다. 실패를 통해 얻은 지식과 경험이 다음 사업의 과정을 뒷받침한다. 실패의 경험은 새로 세운 기업의 성공을 가져다주는 데서 그치지 않는다. 창업자는 이를 통해 개인적으로나 직업적으로나 예상치 못한 기회를 마주할 수 있다는, 삶을 바꿔놓을 만한 폭넓은 이해를 얻게 된다. 과거 실패했던 사업의 경험을 밑천으로 비슷한 업종에서 컨설팅을 하며 돈을 버는 사람도 드물지 않다. 예를 들어, 내 친구 한 명은 소셜 미디어 분야에서 사업을 하다 문을 닫았는데, 그때 얻은 전문성을 활용하여 컨설팅 일을 시작했다. 사업에 실패하지 않았더라면 결코 시작하지 못했을 일이다. 스타트업의 창업 실패율이 그렇게 높은데도 스타트업 창업자가 길에서 구걸하는 모습을 보지 못하는 데는 다 이유가 있는 법이다.

다시 말하건대, 사업을 시작하는 건 위험한 일이다. 단기적으로 우리는 스스로 내린 어리석은 결정 때문에 심각한 위험에 처한다. 하지만 시간이 흐르면 창업자는 경험과 지혜를 쌓기 마련이고 대신 거래상대방 위험counterparty risk, 즉 타인의 어리석은 결정에서 비롯된 위험이 가장 심각한 위협으로 떠오른다. 엔론 파산미국 텍사스주 휴스턴에 본사를 둔 세계 주요 전기, 천연가스, 통신 및 제지 기업의 하나였다. 2001년 말, 체계적이고 치밀한 계획하에 부실한 재정상태를 회계 부정을 통해 일상적으로 덮어 왔다는 사실이 밝혀져 2001년 12월 파산했다 —역주에서부터 리먼브라더스 사태미국 투자은행이었던 리먼브라더스가 2008년 9월 15일 뉴욕 남부법원에 파산보호를 신청하면서 글로벌 금융위기의 시발점이 된 사건 —역주에 이르기까지 2000~2010년에 드러난 여러 사건을 통해 우리는 타인의 어리석음과 근시안이 그 어떤 것보다 가장 엄청난 위협임을 배웠다.

혹자는 대기업에 취직하는 것이 가장 안정적인 선택이라 생각할지 모른다. 그러나 대기업은 복잡한 유기체이다. 대기업이 처한 위험은 스타트업이 처한 위험보다 눈에 잘 띄지 않지만 분명 존재한다. 파트너끼리 분쟁이 일어나 로펌을 날려 버리는 일부터 부서를 막론한 정리해고, 대형 사기와 회계 부정에 이르기까지. 게다가 이제는 대기업에서도 예전처럼 40년간 재직하고 정년퇴직하는 경우는 드물다.

창업의 위험성은 분명히 존재하고, 우리는 그 사실을 처음 사업을 시작할 때부터 알고 있다. 그리고 그 위험의 정도는 우리 자신의 능력에 달려 있다. 현명한 결정을 내리고, 적절히 계획하고, 필요할 때 도움을 구하면 된다. 결국, 가장 중요한 사실은 창업의 위험이 우리에게 달려 있다는 점이다.

"당신 자신에게 베팅하라"

채드 트라우트와인Chad Troutwine

영화 <괴짜경제학> 제작자

마음 깊이 심을 최종 목표를 찾아라

예일대학교 경영대학원MBA 2학년 시절 나는 세계 최대의 학생 창업 경진대회에 참가해 심사위원들 앞에 섰다. 그 전 해에 예일대 교내 학생 창업 경진대회에서 우승했던 덕분에 다른 두 명의 친구와 함께 뉴욕에서 열린 행사에 참석한 참이었다. 그제야 나는 지난 일 년간 갈고닦은 사업 기획과 관련하여, 이 과정을 시작했을 때부터 받고 싶었던 질문을 들을 수 있었다.

심사위원 가운데 한 명이었던 전문 창업가이자 그린 마운틴 커피Green Mountain Coffee의 CEO 로버트 스틸러Robert Stiller가 물었다. "당신의 출구 전략은 무엇입니까?" 나는 재빨리 파워포인트 파일을 클릭해 경쟁사 인수와 공모public offerings 등의 표준 문안이 담긴 슬라이드를 열었다. 하지만 내가 미처 대답하기도 전에 그가 말했다. "아닙니다. 저는 당신의 진짜 출구 전략을 알고 싶습니다." 그에게서 눈을 돌리지 않고 내가 대답했다. "저희는 언젠가 우리 아이들이 이 사업체를 운영하기를 바랍니다." 로버트 스틸러는 미소를 지으며 종이에 무언가를 썼고, 우리에게 시간을 내주어 고맙다고 말했다.

그 날 저녁, 우리 팀은 대회에서 우승했고 나는 <포브스> 선정 '올해의 미래 자본가Forbes Future Capitalist of the Year'로 뽑혔다. 로버트 스틸러는 내 계획이 그저 가볍게 휙휙 넘길 만한 사업 기획이 아니라는 걸 알고 있었다. 그가 던진 질문 덕분에 우리가 달성하려는 목표가 무엇인지 분명히 인식할 기회를 얻었고, 그 순간부터 어떤 일을 해야 할지가 뚜렷해졌다. 나와 내 친구들, 그러니까 우리 팀은 수십 년간 지속할 사업의 기반을 닦는 데 기꺼이 모든 걸 쏟아부을 생각으로 눈 떠 있는 시간 전부를 사업에 전념했다. 우리는 경영대학원 졸업 한 달 후 회사를 열었다. 투자 제의는 전부 거절했으며 부채도, 벤처 캐피털의 도움도 전혀 없이 순수하게 우리 힘으로 회사를 세웠다.

그렇게 문을 연 베리타스 프렙Veritas Prep은 한 명의 대학생 인턴과 함께 시작했지만, 이제는 전 세계 100개 도시에 약 720명의 강사, 입시 컨설턴트, 교육 전문가를 두고 있다. 실시간 온라인 수업을 선호하는 학생의 수는 빠르게 늘어났다. 이제는 원격으로 학생을 만날 수 있어서 우리는 전 세계에 이전만큼 많은 강사를 둘 필요가 없다. 정말 멋진 일이다. 지금 우리 회사 소속의 세계 최고 강사는 미국 샌프란시스코에 있는 실시간 온라인 방송 스튜디오에서 강의하고, 이 강의를 세계 각지에 있는 학생들이 듣는다. 3년 전만 해도 드문 일이었고, 10년 전에는 불가능했던 일이다.

당신이 회사를 세우는 동안 시장과 기술은 여러 번 변화할 것이다. 그러므로 마음속에 바탕으로 삼고, 집중할 수 있는 최종 목표를 지니는 것이 중요하다.

FOCUS

ON

WHAT

REALLY

MATTERS

"진짜 중요한 일에 집중하라"

크리스 디보어Chris DeVore

벤처 캐피털 **파운더스 코업** 제너럴 파트너, 스타트업 액셀러레이터 **테크스타즈 시애틀** 매니징 디렉터

당신을 위해 준비되어 있는 꿈같은 직업은 없다

내 일은 진짜 재미있다. 벤처 캐피털성장 가능성이 있는 벤처 기업에 자금과 경영 지도 등을 지원하는 금융자본 —역주 회사에 있으면서 나는 매일 온종일 믿을 수 없을 정도로 똑똑하고 열정적인 사람들을 만난다. 그들은 미래의 한 부분을 만들려고 하는 사람들이고, 하나같이 세상이 어떻게 달라질 수 있으며 더 좋아질 수 있을지에 관한 비전을 갖췄다. 그리고 내 일은 이 사람들을 도울 방법을 찾는 것이다. 하지만 내가 계속 이 일만 했던 건 아니다.

　대학을 졸업했을 때는 무슨 일을 하고 싶은지 아무런 생각이 없었다. 그때까지 살면서 내내 공부만 생각했고, 일은 별개의 세상 같았다. 배움의 공간에는 상업주의가 없었고, 그곳은 아이디어와 발견에 힘쓰는 곳이었다. 하지만 일은 돈을 벌기 위해 하는 것이다. 정말 운 좋은 사람이라면, 일에서 그보다 큰 의미를 찾을 수 있다. (우리 아버지는 수정헌법 제1조 전문 변호사로서 표현의 자유 원칙을 지키는 데 열정을 가진 분이셨다.) 하지만 그런 일은 드물고, 그 같은 직업을 구할 수 있으리라 기대하기도 어렵다.

나는 그간 받은 교육과 미래 직업 생활 사이에 관련을 찾을 수 없었다. 자연스럽게 재미를 느끼는 분야를 전공했다. 언어와 문화, 역사, 인간 행동 같은 과목을 공부했으나 이런 과목은 직업을 정하는 데 그다지 도움이 되지 않았다. 결국 대학을 졸업할 무렵엔 이제부터 무엇을 해야 할지 전혀 감을 잡을 수 없었다.

어떻게든 해서 작은 경영 컨설팅 회사에 사원으로 입사했으나 사업이 무엇인지 아무것도 몰랐고, 그 회사에서 내가 무엇을 하고 있는지, 이 일이 왜 중요한지 혼란스러워하며 2년을 보냈다. 그러다 당시 고객사 한 곳(상장된 대기업이었다.)에서 정직원으로 나를 채용했다. 그 회사에서 나는 대중이 좋아하는 브랜드를 가진 큰 회사에서조차 돈을 벌기 위해 별일을 다 한다는 것과, 대기업의 '일work' 가운데 얼마나 많은 부분이 진짜 회사나 고객을 위해서가 아니라 돈과 권력을 위한 쓸데없는 내부 다툼을 위한 것인지 경험하며 2년을 더 보냈다. 그때까지도 여전히 어떤 일을 하고 싶은지 떠오르지 않았지만, 하고 싶지 않은 일이 무엇인지는 점점 분명해지고 있었다. 그게 시작이었다.

우연한 기회에 스타트업 회사에서 일하게 되었고, 급진적인 새로운 생각과 마주했다. 지금껏 내가 일했거나 컨설팅했던 크고 안정적인 회사는 아니었다. 조직은 엉망진창이고 혼돈의 상태였지만, 그렇게 회사를 만들어가는 과정이 신나고 재밌었다. 그곳에서 거의 2년 정도 일했다. 내가 전에 일했던 대기업이 그 회사를 인수할 때까지 말이다. 그래서 나는 새로운 일을 찾기 시작했다.

그제야 나는 내가 작은 회사에서 일하는 걸 더 행복해하는 사람이고, 내가 몸담은 사업을 실제로 키워야 하는, 성장에 신념을 가진 사람이라는 걸 알게 되었다. 그때 우연히 평소 내가 감탄해 마지않던 회사이자 좋아하고 자주 사용하는 제품을 만드는 회사에서 사람을 뽑는다는 이야기를 들었다. 그들이 채용하려는 사람의 조건이 나와 꼭 맞는 건 아니었지만, 내게는 열정이 있었다. 그래서 어떻게든 그 회사에서 나를 채용하게 했다. 그곳에서의 일은 그때껏 해본 업무 가운데 가장 힘들었으나, 사업과 리더십에 관해 전과는 비교할 수 없을 정도로 많이 배울 수 있었다. 또한 덕분에 한 번도 해본 적 없던 일을 할 기회를 얻었는데, 그 기회는 이후 내 인생 길에 결정적인 역할을 했다. 나는 그 회사에 '인터넷'이라 불리는 새로운 문물에 대한 열정을 불어넣었다. 입사한 지 2년째였던 1995년, 나는 회사 제품을 온라인에서 판매해야 한다고 경영진을 설득했고, 그 일을 담당하는 사업부를 맡아 스스로 내 자리를 만들었다.

그 후 2년 뒤 나는 경영대학원에 진학하기 위해 퇴사했다. 경영대학원을 졸업한 후에도 여러 모험을 겪었지만, 가장 많은 걸 배운 때는 역시 사회 초년병 시절 경력상의 '실수'를 저질렀던 시기였다. 시행착오를 거치며 나는 이미 존재하는 안정적인 시스템에 자신을 맞춰야 한다는 생각을 버렸다. 대신 역동적이고 창의적인 방식도 가능하며, 그 안에서는 다른 누구보다 나 자신이 주인공이 되어 일을 만들 수 있다는 걸 알게 되었다. 이러한 깨달음은 일의 개념에 관한 내 태도를 바꿔놓았을 뿐 아니라 내 인생에서 일의 역할도 바꾸었다. 일이라는 세계의 주인공이 나라면, 더 이상 일은 나의 '진짜' 인생 밖에 놓인 그런 게 아니었다. 이제 일은 내 인생의 중심이고, 일에서 느끼는 만족감과 의미는 전적으로 내게 달려 있다.

내가 유일하게 후회하는 건 바깥세상에서 꿈의 직업이 나를 기다리고 있는 게 아니라는 사실을 깨닫기까지 너무 오랜 시간이 걸렸다는 점이다. 꿈의 직업은 내가 만드는 것이다. 사회에 진출하려는 젊은 친구들에게 내가 주는 한 가지 조언은 각자 꿈의 직업을 만들기까지 너무 오래 기다리지 말라는 것이다.

데이비드 테튼David Teten

하버드 비즈니스스쿨 동문 엔젤 투자 협회 뉴욕 및 인근 지역 지부 창립자

내게 맞는 성공의 길을 찾기 위한 사고 실험

우선 신문의 '부고란'을 떠올려보자. 그리고 자신의 부고 기사를 써보라. 당신이 세상에 '끼친' 영향이 마음에 드는가? 지금까지의 경력과 스스로 내린 결정들이 부고란에 쓸 만한 내용이 못 된다 생각되면, 세상에 더 큰 영향을 줄 방법을 찾자. 내가 좋아하는 일을 정하고(필요하다면 금전적인 대가 없이도 할 수 있을 정도로 좋아해야 한다.), 그 일을 경력으로 삼을 방법을 찾아야 한다(옛말처럼 '취미를 직업으로 삼으라.').

이어서 당신의 장기 목표(스타트업 회사의 CEO, 투자은행의 매니징 디렉터, 전업 부모 등)를 생각해보라. 그리고 그 직업을 가진 사람들이 가장 일반적으로 택하는 길이 무엇인지 확인하라. 큰 성공을 거둔 사람들은 대부분 자신이 흥미를 느끼는 분야에서 잘 맞는 일을 찾아 아주 열심히 일하며 관련 경력의 사다리를 올라간다. 인터넷에 광분했던 1세대1998~2000년처럼 순전히 운이 좋아 성공으로 가는 지름길을 만날 수도 있다. 하지만 경력을 발전시키는 일을 그저 운에만 맡기는 건 현명하지 못하다.

그러므로 성공을 위한 생각을 구조화해야 한다. 세상의 직업은 세 가지 길로 분류할 수 있다. 회사에 취업해 일하는 방법, 회사에 조언하는 일을 하는 방법, 그리고 회사에 투자하는 방법이다. 이 가운데 한 가지 길을 택해 뛰어난 성과를 내라.

만일 당신의 목표 가운데 사회적 변화를 끌어내는 일(예를 들어 특정 사회 정책을 홍보하는 일)이 포함되어 있다면, 어느 정도 수준의 변화를 원하는지 정해야 한다. 변화를 가져오려면 다음 네 가지 중 하나가 되어야 한다

1차 집단 : 설립자

창업자, 과학자, 활동가, 조직자, 선출된 정치인 등이 포함된다. 여기에 속하는 사람은 조직을 세우기 위해 열심히 일한다.

2차 집단 : 투자자

이 생태계에서 중요한 부분을 담당하는 집단이다. 변화를 가져오는 데 적합한 설립자를 찾아 자금을 지원하는 방식으로 변화를 만들 수 있다.

3차 집단 : 조언자

컨설턴트, 변호사, 투자은행가 등이 포함된다. 설립자들에게 상담을 해 주는 역할이다. 하지만 지분을 가지는 경우는 거의 없다.

4차 집단 : 선구자적 사상가

교육자, 언론, 작가, 콘퍼런스 주최자 등이다. 논의의 틀을 잡고 특정 인물을 부각할 수는 있지만, 직접 변화를 가져올 힘은 거의 없다. 예를 들어 기조연설이나 전면 표지 기사를 통해 당신이 중요하다고 생각하는 어느 설립자의 훌륭한 업적을 소개할 수는 있다. 그러나 이를 통해 할 수 있는 일은 그 이야기를 들은 누군가가 그 설립자에 자금을 지원하거나 지지하기를 바라는 것뿐이다. 그러므로 당신이 미치는 영향력은 매우 간접적이며, 아무런 지분도 없다.

어떤 길을 통해 성공으로 갈 것이며, 어떤 역할을 하여 사회에 얼마나 영향을 미칠 것인가? 정답은 없다. 자신의 성향과 기질을 고려한 선택이 필요할 뿐이다.

제시 존슨 Jesse D. Johnson

친환경 가구회사 **큐 컬렉** 설립자, **텔루라이드 벤처 액셀러레이터** 설립자

롤러코스터에 올라탈 준비가 되었는가

일을 위한 사업을 하라. 이윤을 얻으려는 목적만 가지고는 안 된다. 사업을 시작하는 건 롤러코스터에 타는 것과 같다. 앞으로 어떤 엄청난, 혹은 생각보다 실망스러운 구간이 기다리고 있을지 예측할 수 없다. 이 단계에서 확실한 건 두 가지뿐이다. 첫째, 앞으로 엄청나게 신나는 구간과 생각보다 실망스러운 구간, 양쪽이 다 많을 것이며, 둘째, 상당히 오래도록 롤러코스터를 타야 할 것이란 사실이다.

재미있는 구간을 지날 때 즐거워하는 것도 중요하지만, 그 구간이 시야를 가려서는 안 된다. 마찬가지로 재미없는 구간을 지나는 동안에는 피할 수 없는 길이라는 점, 그리고 어차피 지나가는 일이라는 점을 명심해야 한다. 좋은 시절에 지나치게 들뜨고, 나쁜 시절에 지나치게 실망하면 힘이 다 빠져 지치고 만다.

훌륭한 기업을 세우려면 오랫동안 헌신해야 한다. 좋은 일 혹은 나쁜 일로 너무 정신이 분산되면 최종 목표에 집중할 수 없다. 즐거울 때도, 절망적일 때도, 자신이 롤러코스터에 타고 있음을 생각하라. 상황을 인지하면, 상황에 끌려가지 않을 수 있다.

MAKE
IT
FUN

"사업을 즐겨라"

엘리 셰리프Elli Sharef

인재 매칭 회사 **하이어아트** 공동 설립자

'그냥 한 번 해보는 것'이 중요하다

이 글을 부탁받았을 때 요청사항은 '내가 얻었더라면 좋았을 조언'을 써달라는 것이었다. 솔직히 말하면 내가 회사를 세웠을 때 이런저런 조언을 얻지 못했던 게 다행인 것 같다. 그렇지 않았으면 창업을 하지 못했을 것이다. 온갖 실수(잘못 만난 동업자, 잘못된 사업 아이디어, 잘못된 타이밍, 잘못된 투자자, 잘못된 접근 방법)에 대한 글을 전부 읽고 나면 사업을 시작하는 건 불가능하다고 여기게 된다. 그러니 내 조언은 다음과 같다. 그냥 해보자. 과감하게 사업을 시작하라. 너무 깊이 생각하지 말고, 그냥 해보자.

처음 사업을 시작했을 때 내가 겪었던 가장 큰 문제는 결정 피로감decision-fatigue이었다. 나는 아주 사소한 사항을 정할 때조차 매번 너무너무 중요한 결정이라고 생각했다. 실제로도 정말 중요한 결정을 해야 하는 경우가 많긴 했지만, 걱정한다고 해서 결과가 달라지는 것은 아니었다. 또 모든 걸 깊이 생각한다고 해서 도움이 되는 것도 아니다. 그 분야에 대한 지식과 열정을 갖추자. 믿을 수 있는 똑똑하고 야심 찬 동업자를 고르라. 그러고 나서 그냥 시작하라. 사업가가 실패하는 가장 큰 이유는 시작조차 하지 않기 때문이다. 그러니 일단 시작하자.

내가 스타트업 기업 대상 인큐베이터 플랫폼인 와이콤비네이터 Y Combinator 에서 사업을 시작했을 때의 일이다. 와이콤비네이터의 창업자인 폴 그레이엄 Paul Graham 에게 "앞으로 두 달에 걸쳐 제품을 만들고 싶어요."라고 말했다. 그러자 폴은 일주일 안에 제품을 만들어 자신에게 보여달라고 했다.

일주일 뒤, 어느 모로 보나 아직 엉망진창인 제품을 들고 폴을 만나러 갔다. 폴이 물었다.

"좋아요, 그런데 얼마나 많은 고객이 이 제품을 사용하고 있죠?"

"음…, 아직은 고객이 한 명뿐이에요."

"그렇군요, 그럼 다음 주까지 신규 고객 열다섯 명을 확보하고, 다시 와서 그 고객들에 관해 이야기해 주세요."

그리고 다시 일주일 뒤, 열다섯 명의 고객을 확보하고 폴을 만나러 갔다.

"좋아요, 이제 매출은 얼마인가요?"

폴의 말에 나는 대답했다.

"음…, 지금은 무료로 제품을 사용할 수 있도록 하고 있어요."

"그럼 다음 한 주 동안 매출을 얻기로 하고, 그에 관해 이야기하러 와 주세요."

그다음 주에 나는 쥐꼬리만 한 매출액을 가지고 폴을 만나러 갔다. 폴이 말했다.

"좋아요, 그런데 도대체 왜 아직 제품을 출시하지 않았나요?"

"출시라고요? 공개적으로 제품을 내놓으라는 말씀이세요? 저희에겐 아직 제대로 된 홈페이지도 없는데요."

내 대답에 대한 그의 반응은 다음과 같았다.

"그럼 오늘 밤에 홈페이지를 만들고 다음 주에는 제품을 출시하세요."

그 후 우리는 며칠에 걸쳐 홈페이지를 만들었고, 제품을 출시했다.

그 과정에서 어떤 일도 완벽하지 않았다. 나는 당황스러웠고, 매 단계 서둘러 일해야 했다. 출시할 제품은 전문적으로 보여야 한다고 생각하고 있었기 때문에 내 마음은 불편했다. 그러자 와이콤비네이터에 있던 누군가가 말했다. "당황스럽지 않을 정도가 되면, 그땐 제품 출시가 이미 많이 늦은 것이에요."

아하! 그게 바로 비결이었다! 사용자가 우리 제품의 기본 아이디어를 얻을 수만 있다면 그 제품은 완벽하지 않아도 괜찮은 거였다!

이렇게 간단한 일이다. 와이콤비네이터에서는 일단 추진하여 일이 되게끔 하고, 이후에는 더 빨리 진행해보라고 항상 말했다. 내가 당신에게 해줄 조언이 있다면 당시에 얻었던 바로 그 조언일 것이다. 그냥 해보라. 제품을 만들고, 사람들이 사용하도록 하라. 그리고 출시하라. 너무 깊이 생각하지 말라. 실수는 할 것이다. 하지만 당신이 훌륭한 창업자라면 그 실수로부터 배우는 게 있을 것이다.

에릭 메이즐리시 Eric Meizlish

의료장비 사용 비용 분석 정보 제공 기업 **프로큐어드 헬스** 공동창업자 겸 최고운영책임자

나 자신의 사업 아이디어를 공격하라

창업자로 성공하려면 헌신과 인내가 필요하다는 건 누구나 다 아는 이야기이다. 하지만 나는 피땀을 쏟기 전 단계에 관해 이야기하고 싶다. 무턱대고 사업에 뛰어들기 전, 당신이 가진 희소한 자산 시간과 에너지으로 지금까지 인생에서 가장 큰 투자를 하기 전에 말이다.

일단 사업 아이디어를 떠올려보라. 스스로 생각하기에는 세상이 간절히 원하는 아이디어이며, 셀 수 없이 많은 시간 동안 꿈꿔온 과정을 거쳐 만들어진 걸작 같은 아이디어라 여겨질 것이다. 자, 이제 크게 두 걸음 뒤로 물러나 그 아이디어를 바라보자. 당신의 사업 아이디어가 어떤 것이고, 앞으로 어떻게 발전해 가기를 바라는지 충분히 객관적으로 생각하기 위해서이다.

그런 다음 그 아이디어를 비판해보라. 진짜 철저히 공격하라. 아이디어 속에 난 구멍을 찔러보라. 조각조각 나도록 내리쳐라. 어려운 질문을 해대라. 특히 가장 중요한 두 가지 측면, 실행 가능성과 보상에 관해 어려운 질문을 퍼부어라.

실행 가능성

왜 안 되는 것일까? 사람들은 왜 당신의 노력에 신경도 쓰지 않고, 당신이 애써 개발한 애플리케이션을 내려받지 않을까? 이렇게 생각한다면 거꾸로 물어보겠다. 세상에 대체품이 널렸는데 왜 사람들이 당신의 서비스를 이용하기 위해 돈을 내야 할까? 제품이나 서비스를 전달하는 사람이 당신과 당신 팀이 되어야 할 이유는 무엇인가? 당신이 남과 다른 점은 무엇인가?

이처럼 투자할 생각이 없는 투자자가 공격하기 위해 물어볼 법한 질문을 스스로 던져라. 그리고 그 투자자의 생각이 잘못되었음을 설득하라. 이 과정을 사소한 노력으로 해결할 수 없다면 앞에 놓인 위험을 엄청나게 과소평가하고, 성공 가능성만 지나치게 과대평가하고 있는 것이다.

보상

사업을 시작해 성공을 거두었다고 가정해보자. 우선, 성공을 축하한다. 그렇다면 이제 무엇을 해야 할까? 당신은 과연 실체가 있고, 지속 가능한, 그래서 사용자와 고객의 가치를 키우는 무언가를 만든 것일까? 힘들게 번 돈을 당신의 제품이나 서비스에 지불하는 사람은 누구이며, 당신과 당신의 회사는 그 돈에 걸맞은 가치를 제공하고 있는가? 사업은 계속 성장하고 나아지는가, 아니면 제품이나 서비스 출시 이후 혁신 속도가 금방 정체기에 접어드는가? 시장에 새로운 다음 제품이나 서비스가 등장해 소비자의 관심이 옮겨가면 제품이나 서비스가 금방 없어질 수 있는 중대한 위험 요인을 가지고 있지는 않은가? 당신의 회사는 고객을 얼마나 오랫동안 붙잡아 둘 수 있는가, 그리고 그 이유는 무엇인가? 당신의 사업 내용은 측정할 수 있는가? 사업이 성장함에 따라 회사의 자본 환경은 어떻게 발전하는가? 그리고 이 일을 위한 노력은 당신이 원해서 쏟는 것인가? 당신이 얻는 진짜 보상은 어느 정도인가?

이 모든 질문의 답을 혼자 구할 수 있다고 생각하지 말라. 나가서 사람들과 이야기하라. 하지만 대화의 상대방이 가족이나 친구, 사업 파트너여서는 안 된다. 대신 잠재 고객들, 당신의 감정에 대해서는 신경 쓰지 않는 사람들과 이야기를 나누어야 한다. 그런 사람들에게 당신이 파는 상품을 살 의향이 있는지 물어보라. 그들이 다른 어떤 문제를 안고 있는지 물어보고, 그 문제를 풀 방법을 알아보라. 그런 문제를 해결하기 위해 사람들이 현재 어떻게 하고 있는지, 어떤 서비스를 이용하고 있는지, 누구에게 돈을 내고 있는지 알아내고, 어떻게 다른 방식으로 더 나은 해결책을 제시할 수 있을지 방법을 찾아 확신을 키워라. 시간을 들여 철저히 준비하되, 항상 앞으로 계속 나아가야 한다. 다음 단계로 나갈 준비가 되면 스스로 때를 알게 된다.

그러고 나면 진짜 일이 시작된다.

"오랜 사업 경험에서 얻은 깨달음은 여전히 유효하다"

스타트업은 모형화할 수 없고, 분명하지 않은 상황을 염두에 두지만, 그렇다고 해서 스타트업이 꼭 큰 위험을 짊어지는 건 아니다. 그저 위험이 어느 정도인지 모를 뿐이다. 스타트업은 극도의 불확실성과 마주해야 하는 사업을 설계한다. 스타트업의 세계를 다른 고위험 상황, 이를테면 고위험 주식을 사는 경우와 대비해보자. 위험도가 높은 특정 주식을 샀을 때 그에 따른 보상을 얼마나 얻을 수 있을지 알 수 없는 건 스타트업과 마찬가지이지만 그런 많은 주식에 투자하는 방법은 정확하게 모형화할 수 있다. 그래서 훌륭한 재무상담사는 위험 주식군에 투자했을 때 얻을 수 있는 장기 예상 수익을 상당히 정확하게 알려줄 수 있다. 리스크 프리미엄을 알고 있다면 그곳은 스타트업의 세계가 아니다.

도약의 기술

비상하는 스타트업은 어떻게 탄생하는가

에릭 리스Eric Ries

베스트셀러 <린 스타트업 : 지속적 혁신을 실현하는 창업의 과학> 저자

리스크를 짐작할 수 있다면 스타트업이 아니다

스타트업이라는 단어를 들으면 대부분의 사람이 이런 이미지를 떠올린다. 휴렛팩커드HP 때문에 유명해진 '차고에서 시작한 두 남자', 수염이 덥수룩한 애플의 스티브 잡스와 스티브 워즈니악이 홈브루 컴퓨터 클럽Homebrew Computer Club을 맨발로 걸어 다니는 모습 등이다. 보다 최근에 스타트업으로 큰 성공을 거둔 창업자로는 페이스북을 창업한 마크 저커버그나 구글을 세운 세르게이 브린과 래리 페이지가 있다. 이런 사람들 하면 생각나는 공통적인 이야기는 이런 식이다. 겉보기에는 허접한 아웃사이더 같지만, 특별한 천재성을 지녔고 엄청난 위험을 감수하며 승산이 낮은 일에서 성공을 거두기 위해 이해할 수 없을 정도의 시간을 들여 엄청난 양의 일을 했다는 것이다.

하지만 스타트업 창업자를 바라보는 이런 영화 같은 관점은 여러 면에서 결함이 있다. 가장 기본적인 사항부터 확인해보자. 바로 이런 이야기 때문에 두 사람이 차고에서 불가능해 보이는 일을 시도할 때마다 사람들은 그게 스타트업이라고 생각한다. 옳지 않은 생각이다. 또한, 이런 이야기 때문에 눈길을 끌지 않는 환경,

즉 기업 내부나 비영리단체, 혹은 정부 기관에서 시작되는 수많은 다른 스타트업을 보지 못한다. 그리고 영세 기업과 스타트업은 둘 다 폐업률이 높으므로, 작은 회사가 곧 스타트업이라고 생각한다. 하지만 이 또한 잘못된 생각이다.

이처럼 '스타트업' 하면 연상되는 구체적인 이미지는 배제하고, 보다 중요한 본질을 파악할 필요가 있다.

스타트업이란 무엇인가?

'스타트업 회사란 극심한 불확실성 아래에서 새로운 제품이나 서비스를 내놓기 위해 고안된, 사람이 만든 조직이다.' 이 같은 정의를 차근차근 살펴보자. 우선 나는 스타트업이 조직이라는 측면을 강조하고 싶다. 왜냐하면, '차고에서 시작한 두 남자'식 이야기에는 이 부분이 완전히 빠져 있기 때문이다. '조직'이라는 단어를 들으면 관료주의나 절차, 심지어 복지부동이라는 단어까지 떠오른다. 어떻게 이런 단어가 스타트업 회사를 정의하는 데 일부가 될 수 있을까? 그렇지만 성공한 스타트업 회사의 진짜 이야기를 들어보면 조직 구성을 위한 활동이라 부르기에 모자람이 없다. 그들은 창의적인 사람을 고용하고, 그렇게 뽑은 직원의 업무를 조정하고, 결과를 내는 기업 문화를 정착시키는 일 등을 했다. 일부 스타트업 회사에서는 이런 활동이 급진적인 방식으로 이루어지는 경향이 있으나, 조직 구성을 위한 활동은 여전히 회사가 성공을 거두는 데 핵심적인 요소였다.

한편, 위의 정의에서 '사람이 만든'이라는 표현에 의아한 독자도 있을 것이다. 어찌 됐든 사람이 만들지 않은 조직이라는 게 있을까? 그렇지만 우리는 스타트업 회사가 그들이 파는 제품이나 기술적 돌파구, 혹은 데이터 자체가 아니라는 사실을 너무나 자주 망각한다. 본질적으로 단 하나의 제품만을 판매하는 회사라 해도 그 회사의 가치는 제품 그 자체에 있는 것이 아니라 그 제품을 만들어낸 사람과 그 사람들이 모인 조직에 있다. 스타트업 회사를 대상으로 하는 기업 인수 결과만 봐도 그렇다. 기업 인수가 이루어지면 대부분 경우, 제품과 브랜드를 그대로 가져가고 심지어 직원의 고용 승계까지 이루지더라도 그 회사의 본질적인 측면은 사라진다. 스타트업은 부분의 합 이상의 것으로, 뼛속까지 사람에 의한 기업이다.

물론 스타트업이 내세우는 제품이나 서비스의 참신함 또한 스타트업을 정의할 때 중요한 부분을 차지한다. 제품과 관련하여 나는 가능한 포괄적인 정의를 선호하는데, 즉 제품이란 자발적으로 고객이 되려는 사람들에게 어떤 종류의 것이든 가치를 제공하는 것을 통틀어 가리킨다. 이 정의는 슈퍼마켓에 있는 포장 상품, 전자상거래 웹사이트, 비영리 사회 복지 사업, 혹은 다양한 정부 지원 프로그램에도 똑같이 적용된다. 각각의 경우에 제품을 제공하는 조직은 고객에게 가치를 줄 수 있는 새로운 원천을 찾는 데 전념하고, 자신의 활동이 고객에게 실제 어떤 영향을 미치는지에 신경을 쓴다. (이와 대조적으로 독점 기업이나 실제로 관료주의적인 조직은 보통 고객에 신경 쓰지 않고, 조직의 영속성을 찾기에만 급급하다.)

스타트업의 혁신에는 맥락이 있어야 한다

혁신에 관한 이야기 또한 중요하다. 하지만 혁신도 폭넓은 관점에서 이해해야 한다. 세상에서 제일 급진적인 새로운 발명품이라 해도 그 제품은 기존 기술을 기반으로 삼는다. 많은 스타트업의 경우, 제품 차원에서는 전혀 혁신이랄 게 없다. 대신 다른 식의 혁신을 보여준다. 기존의 기술을 활용해 새로운 사용법을 제시한다거나 이전에는 숨겨져 있던 가치를 드러내는 새로운 비즈니스 모델을 고안하기도 한다. 혹은 단순하게 특정 제품이나 서비스를 새로운 장소나 지금까지 접해보지 못했던 고객군에 소개하는 방식도 있다. 이들 모두 혁신이 성공의 핵심 요인이다.

혁신이라는 건 원래 위험을 수반하기 마련이다. 그러한 위험을 새로운 방식으로 이용하는 스타트업은 엄청난 경제적 보상을 얻는다. 하지만 스타트업의 중요한 속성은 이러한 경제적 보상에 있는 게 아니다. 우리가 진짜로 던져야 할 질문은 "이 사업이 이루려 하는 혁신은 어느 정도의 수준인가?" 하는 것이다.

스타트업의 정의에서 마지막으로 살펴봐야 할 중요한 부분이 있다. 그건 바로 스타트업이 혁신을 만들어내는 맥락이다. 크든 작든 회사 규모를 막론하고 대부분 기업에는 이런 혁신의 맥락이 없다. 기존 사업과 내용이 완전히 똑같은 사업(사업 모델, 가격 정책, 대상 고객, 정해진 제품까지)에 대한 투자는 대개 경제적으로 매력적이다. 하지만 그런 회사는 스타트업이 아니다. 그런 회사의 성공 여부는 오로지 얼마나 잘 실행하느냐에만 달려 있으며 그들이 짊어진 위험과 불확실성의 수준은 익히 짐작할 만한 것이다. 따라서 기존 사업에 관한 합리적인 지식을 갖춘 대출 담당 직원이라면 이런 회사의 사업 전망을 어렵지 않게 평가할 수 있다.

하지만 스타트업의 세계는 위험, 그 자체를 알 수 없는 독특한 곳이다. 스타트업은 극도의 불확실성과 마주해야 하는 사업을 설계한다. 스타트업의 세계를 다른 고위험 상황, 이를테면 고위험 주식을 사는 경우와 대비해보자. 위험도가 높은 특정 주식을 샀을 때 그에 따른 보상을 얼마나 얻을 수 있을지 알 수 없는 건 스타트업과 마찬가지이지만, 그런 많은 주식에 투자하는 방법은 정확하게 모형화할 수 있다. 그래서 훌륭한 재무상담사는 위험 주식군에 투자했을 때 얻을 수 있는 장기 예상 수익을 상당히 정확하게 알려줄 수 있다. 리스크 프리미엄위험을 감수한 대가로 지급되는 보상을 알고 있다면 그곳은 스타트업의 세계가 아니다.

스타트업과 일반 기업의 차이를 이해해야 하는 이유

스타트업은 모형화할 수 없고, 분명하지 않은 상황을 염두에 두지만, 그렇다고 해서 스타트업이 꼭 큰 위험을 짊어지는 건 아니다. 그저 위험이 어느 정도인지 모를 뿐이다. 내가 이 점을 강조하는 이유는 린 스타트업lean startup, 아이디어를 단기간에 제품으로 만든 후 시장 반응을 다음 제품에 반영하는 것을 반복하여 성공 확률을 높이는 경영 전략. 이 글을 쓴 엑릭 리스의 저서 제목이기도 하다. —역주에 대한 방대한 이론을 뒷받침하는 데 필요하기 때문이다. 린 스타트업은 근본적으로 민첩성과 균형 감각을 지니고 가차 없이 효율성을 추구하면서 불확실성과 미지의 상황에 맞서는 방법이다. 일반적인 방식의 사업을 펼치는 일도 스타트업과 마찬가지로 힘든 일이기는 하지만, 둘은 완전히 다른 경험이다. 하지만 나는 그런 일반적인 사업 방식을 폄하하려는 게 아니다. 결국, 대부분 스타트업은 언젠가는 스타트업이 아니게 되기를 바라고 있다.

그럼에도 스타트업과 일반적 사업의 차이는 여전히 중요하다. 왜냐하면, 스타트업이 아닌 회사의 업무 '모범 사례best practice'를 스타트업에 적용할 수 없기 때문이다. 사실 스타트업이 가장 처참하게 실패하는 때는 스타트업 상황에 놓여있는 사람들이 이를 깨닫지 못했거나, 혹은 자신의 행동이 스타트업 상황에서 어떤 의미를 지니는지 이해하지 못했을 때이다.

스타트업에 관한 정의는 스타트업이 아닌 회사에도 중요한 의미를 지닌다. 스타트업의 정의를 보면 기업의 규모에 대해서는 전혀 언급하지 않는다. 그 점에 주목하라. 대기업에서도 종종 사업 실패가 발생하는 건 이들이 진행하는 사업이 스타트업의 상황에 놓였다는 걸 알면서도 때맞춰 조직의 방향을 바꾸지 못하기 때문이다. 대기업이 겪는 이러한 위기는 수많은 외부 요인으로 인해 생겨날 수 있다. 거시경제 상황의 변화, 수출입 정책, 기술 변화, 혹은 문화적 변화까지도 그 원인이 될 수 있다. 하지만 기복이 별로 없이 잔잔하던 시장에 들어온 스타트업이 이런 위기를 몰고 오기도 한다. 이러한 상황은 기업의 임원에게 중요한 내용을 시사하는데, 이와 관련하여 더 자세한 내용을 알고 싶다면 <하버드 비즈니스 리뷰HBR>에 실린 글 '창업자 정신은 경영과학인가?Is Entrepreneurship a Management Science?'를 참고하기 바란다.

닝 리앙 Ning Liang

개인별 최적 보험 추천 서비스 회사 **헬스셰르파** 공동창업자

낡은 산업에 최신의 기법을 적용하기

우선 창업자 자신의 경력을 키우기 위한 조언부터 하겠다. 사회생활을 시작할 때 일찌감치 자신이 가장 쓸모가 없는 곳, 그러나 전문가나 뛰어난 성과를 내는 사람들로 가득한 조직에 발을 들여라. 그리고 나서 자존심을 버리고, 열심히 일하면서 선배들로부터 일을 배워라. 여러 다양한 분야에서 같은 시도를 반복하라. 그러면 회사를 세우기에 딱 좋은 경험을 얻게 될 것이다.

그다음, 스타트업을 창업하는 데도 요령이 있다. 우선 기술수용곡선에서 뒤처진, 그다지 매력 없는 산업 분야를 찾아 회사를 세운다. 그리고 보다 최신 산업 분야의 경영 방법을 구식 업계에 적용하라. 예를 들어, 그다지 발전되지 않은 산업에 소비자 웹 스타트업이나 퀀트 헤지펀드 등에서 보통 사용하는 최신 예측 분석 기법, 데이터마이닝 많은 데이터 가운데 숨겨져 있는 유용한 상관관계를 발견하여, 미래에 실행 가능한 정보를 추출해 의사 결정에 이용하는 과정 기법을 적용하면 여러 회사를 세울 수 있다.

DROP
your
EGO

"자존심을 내려놔라"

존 프랭크John R. Frank

지리 정보 서비스 제공회사 **메타카르타**, 인공지능 기반 검색 플랫폼 개발 회사 **디피오** 공동창업자

창업자가 알아야 할 아홉 가지 사업의 기둥

스타트업을 이끄는 건 가파른 경사면으로 난 지그재그식 산행 코스를 올라가는 일과 같다

레이저 초점을 따르듯 집중해서 한 방향으로 길을 올랐는데, 이어서 180도로 꺾인 길이 등장하면 당황스러울 것이다. 그러나 사실은 그러한 길이 당신을 더 높은 곳으로 데려다줄 수 있다. 따라서 적절한 순간에 방향을 선회하는 것도 계획에 포함해야 한다.

내가 창업한 메타카르타의 경우, 처음에는 기업 데이터용 머신러닝인공지능의 연구 분야 중 하나로, 인간의 학습 능력과 같은 기능을 컴퓨터에서 실현하고자 하는 기술 및 기법 모델에 초점을 맞추어 서비스를 개발했다. 그런데 뒤이어 소비자 지향 맵핑mapping 수요가 늘어나는 현상을 파악했다. 그래서 사업 방향을 선회하여 오픈레이어스OpenLayers 프로그램을 개발했고, 이 프로그램은 현재 사실상 HTML5 오픈 소스 맵핑용 프로그램의 기준이 되었다. 그 결과 메타카르타는 노키아Nokia에 인수되었다.

소크라테스의 패턴을 지침으로 삼아라

"똑똑한 사람들을 주변에 두고 함께하라." 1966년 예일대학교 졸업생이자 내 아버지인 릭 프랭크Rick Frank의 말이다.

소크라테스가 주변에 플라톤 같은 사람들을 두지 않았다면 이름이 그리 알려지지 않았을 것이다. 여러분도 각자의 플라톤을 찾아라. 당신의 팀을 위한 플라톤을 찾고, 당신의 고객을 위한 플라톤을 찾아라. 스타트업이 처음으로 맞이하는 십여 명의 고객은 오래가는 발자국을 남긴다. 그러니 당신의 회사가 만든 제품을 유용하게 쓰면서 당신과 함께 일할 똑똑한 고객들을 찾아라.

탁월함을 관찰하라

탁월하다는 게 어떤 것인지 가까이에서 본 적이 없다면 탁월함을 만들어내기는커녕 알아보기도 어렵다. 세계 최고의 디자인 회사인 IDEO에서 짧은 인턴 기간을 보낸 후, 제품 디자인을 평가하는 내 기준은 영원히 바뀌었다.

공동창업자, 고문, 직원을 고를 때, 그리고 개인적인 경험을 위한 선택을 할 때 탁월함을 지침으로 삼아라. 팀원이나 투자자를 택할 때 다음의 질문을 스스로 던져라. '이 사람은 우리 회사에 중요한 의미가 있는 이런 활동이 탁월하게 이루어지는 현장을 본 적이 있을까?'

팀을 위해 원칙을 세워라

모두가 공유하는 원칙이 정해져 있으면 팀원들이 아이디어를 바탕으로 기업을 만들어 나가는 과정에서 행동의 우선순위를 정하는 데 도움이 된다. '고객 우선'이나 '스타일이 전부다'처럼 짧은 문장으로 정할 때 가장 효과가 좋다. 아주 힘든 상황에 놓이면 최상의 결과를 내는 사람과 최악의 결과를 내는 사람이 있다. 업무 스트레스가 높을 때 팀 구성원들이 책임을 공유하고, 공동의 참여 원칙을 바탕으로 서로 힘을 보탤 수 있도록 팀 내에 공유하는 양식을 만들어라. 최고의 팀에서는 인간미와 서로를 향한 존중의 분위기가 뿜어져 나오는데, 이는 우연히 이루어지는 게 아니라 팀을 이끄는 사람으로부터 시작되는 것이다.

회사에 필요한 모든 일에 뛰어들어라, 스스로 제일 먼저 하라

팀이 성장해 가면 당신보다 일을 잘하는 사람에게 자리를 넘겨라. 스스로 일하며 그 업무를 자세히 파악하면, 어떻게 그 자리에 알맞은 사람을 고용해 일을 시켜야 할지 알게 된다. 영업처럼 외부와 접촉하는 업무의 경우 특히 더 그렇다. 어떤 신규 부문이나 시장에서는 처음 십여 개의 계약은 직접 성사시켜 봐야 한다. 훌륭한 코치와 조언자의 도움을 받고 있다 하더라도 고객을 직접 대면해보면 전해 듣는 것으로는 절대 얻을 수 없는 중요한 통찰력을 얻을 수 있다.

여기에 더해 경험으로 얻은 중요한 원칙을 한 가지 더한다. 처음 시장에 진출하거나 (산업을 불문하고) 신규 시장에 진출할 경우, 다음 1년간 전체 영업 할당량이 90% 이상의 판매 확률이 되기 전까지는(예를 들어 고객사에서 계약 책임자가 구매 승인을 하고, 구매 절차가 시작되기 전까지는) 영업을 직원에게 맡긴 채 손을 떼서는 안 된다.

제품을 정제하라

나는 '최소기능제품'완전한 제품 출시 전에 최소 실행 가능한 형태로 출시하여 고객들의 반응을 살피는 제품이라는 표현보다 제품을 정제한다는 긍정적인 문장이 더 좋다. 제품의 여러 작은 특징을 정제해가는 과정은 결코 미니멀리즘을 추구하는 게 아니기 때문이다. 제품을 정제한다는 건 시장에 가장 강한 충격을 주고, 지금까지 세상에 없었던 요소를 부각하기 위해 모든 노력을 쏟아붓는다는 의미이다. 당신의 팀이 가진 에너지를 제품의 몇몇 기능에 집중시키면 제품의 기능이 분명해지고, 제품이 더욱 빛을 발한다.

아이디어를 자유로이 나눠 가져라

비밀을 지키기 위해서는 노력해야 한다. 공개 프로젝트를 진행하면 빠른 속도로 탄력이 붙는다. 어떤 아이디어를 독점할지 현명하게 선택하라. 처음 떠오른 아이디어는 마지막 아이디어가 될 리 없고, 최고의 아이디어는 아마 다른 사람과 토의하는 과정에서 나올 것이다.

메타카르타가 오픈레이어스 프로그램을 개발할 때 그랬던 것처럼, 디피오가 TRECText REtrieval Conference 회의에서 그랬던 것처럼 오픈 프로젝트를 통해 커뮤니티를 구성하라. 당신의 사명을 확대하되, 이윤을 추구할 목적이 아닌 프로젝트를 중심으로 커뮤니티를 구성하는 방안을 고려해보라. 잘 생각해서 구성한 오픈 프로젝트 덕분에 새로운 방향에서 시장이 열릴 수도 있다.

마찬가지로 콘퍼런스나 공개 콘테스트 등을 통해 비슷한 관심사를 지닌 사람들의 모임을 만들어 함께 혁신을 추구하고, 회사에 필요한 최첨단 기술을 발전시킬 수 있다. 예를 들면, 디피오에서는 미국 국립표준기술연구소가 주관하는 문서 검색 회의Text Retrieval Conference, TREC, 즉 위키피디아처럼 지식 정보 기반에 자동 편집을 제안하는 알고리즘 개발을 위한 연례 콘테스트 진행을 지원한다.

위험뿐인 상황은 없다

대담한 아이디어를 추구하는 데 위험만 따르는 것은 아님을 이해하라. 대담한 아이디어를 추구하는 행위, 그 자체만으로도 실패의 위험을 상쇄할 만한 가치가 있다. 대담한 아이디어를 추구하는 과정에서 얻을 수 있는 보상을 이해하면 숲 안에 있어도 나무가 아닌 숲을 볼 수 있는 능력을 얻는 셈이다. 특히 타이밍 문제가 더욱 그렇다. 전 세계에서 일어나는 여러 사건이 당신이 세운 스타트업에 영향을 미치겠지만, 우리는 그런 사건이 발생하는 타이밍을 통제할 수 없다. 그러니 그냥 적극적으로 사업에 뛰어들어 상황이 어떻게 진행되는지 지켜보라. 최악의 경우가 발생한다 해도 당신은 그저 옆에서 지켜보기만 한 사람보다 훨씬 많은 것을 배울 것이다.

대담한 아이디어를 실행하는 것, 그 자체에서 당신은 세상의 대기업을 고객사로, 제휴사로, 결국에는 인수자로 만들 용기를 얻게 된다. 노키아가 메타카르타를 최종 인수했던 당시 입찰 경쟁에서 메타카르타에는 두 가지 운이 작용했다. 하나는 열심히 일한 덕분으로 얻은 '노력에 따른 운'이었고, 다른 하나는 전혀 기대하지 않았는데 때때로 나타나는 '진짜 행운'이었다.

인생의 80%는 나서는 일이다

이는 우디 앨런Woody Allen이 한 말이다. 나는 스타트업을 창업하고 경영하며 이를 체험했다.

새로운 시장으로 진입하는 데 성공하거나 큰 계약을 성사시킨 것은 모두 새로운 장소에 내가 직접 방문한 데 따른 직접적인 결과였다. 예를 들어 내가 처음으로 텍사스로 떠나 무작위로 골라 참석했던 콘퍼런스에서는 대형 석유 회사들의 데이터 교환에 관해 이야기하고 있었고, 그 덕분에 메타카르타는 석유 업계에 진출했다. 처음 행사장에 도착했을 때 나는 그 콘퍼런스가 스무 명만 참석하는 소규모 콘퍼런스라는 걸 알고 굉장히 당황했다. 그러다 거기에서 미래에 메타카르타의 주 투자자가 된, 쉐브론 텍사코Chevron Texaco라는 대형 고객사를 만나게 되었다.

개인적인 이야기를 하자면 나는 친구의 생일 파티에 참석하려고 즉흥적으로 떠났던 워싱턴 D.C. 여행에서 아내를 만났다. 당시 일정이 빡빡했던 탓에 나는 생일 파티가 열리는 날 밤에 워싱턴 D.C.에 도착할 수 있었다. 그때 워싱턴 D.C.에 머무른 시간은 11시간에 불과했지만, 내 인생에서 가장 중요한 인연을 시작하기에는 충분한 시간이었다.

마이클 세이벨 Michael Seibel

동영상 공유 소셜서비스 **소셜캠**, 온라인 생중계 사이트 **저스틴티비** 공동창업자 겸 CEO

시드 단계의 기술 스타트업을 위한 조언

내가 건네는 첫 조언은 당신의 팀에 관한 것이다. 초기 단계 기술 기업의 이상적인 팀 크기는 공동창업자 둘에서 넷 정도이다. 이들은 창업 전 6개월 이상 서로 교류한 사이여야 하고(친구든 직장 동료든), 같은 도시에 있어야 한다(이상적인 경우는 같은 아파트 단지에 사는 것이다.). 그리고 창업한 스타트업에 종일제로 근무해야 하고, 기술 능력이 뛰어나야 한다(50%나 그 이상이 엔지니어일 것).

두 번째 조언은 법적으로 회사를 구성하는 방법에 관한 것이다. 법인을 세우기 위해서는 기술 관련 문제를 전문으로 다루는 법률 서비스에를 들면 clerky.com 같은 서비스나 스타트업 전문 유명 로펌, 둘 중 하나를 이용해야 한다. 나는 C 주식회사 C Corporation, 미국 연방 소득세법에 따라 소유자와 별도로 세금이 부과되는 법인로 법인을 설립하고, 공동창업자 간에 주식을 똑같이 나눌 것을 강력하게 권고한다. 마지막으로 공동창업자들은 조건부 불완전 형태vesting로 주식을 부여받아야 한다. (만 1년의 근무기간이 지난 이후 4년에 걸쳐 주식을 지급하는 방법이 일반적이다.)

마지막으로, 스타트업을 세운다면 가능한 한 빨리 시작하라. 스타트업을 창업할 생각이라면 최소기능제품(minimal viable product, MVP)을 만들고 있어야 한다. 최소기능제품은 대부분 한 달 안에 만들 수 있다. 처음 만든 제품으로는 성공할 수 없다는 걸 알아야 한다. 하지만 첫 제품을 빨리 내놓는 게 당신이 할 일이다. 그리고 그 제품을 통해 사용자의 피드백을 얻기 시작하라. 사용자의 피드백이 있어야만 고객이 원하는 제품을 만드는 길에 들어설 수 있다.

윌리엄 에버스William(Bill) D. Evers

응급의료 상황 대비 훈련 및 교육서비스 회사 **애뉴비아** 이사회 회장 겸 법률고문

성공의 요건 : 철두철미한 열정

변호사로, 그리고 50년 이상 스타트업에 조언해 온 멘토(주로 기업 구조와 자금 조달 관련)로서 내가 지금까지 배운, 그래서 예일 출신 창업자들에게 전할 수 있는 교훈은 다음과 같다.

첫째, 스타트업을 하려면 자신이 하는 일에 대한 정확함, 일의 논리에 관한 열정이 있어야 한다. 직원들이 당신의 회사에서 일하게 하려면, 그리고 투자를 받으려면 이것은 필수요소다. 또한 사업 계획을 짤 때, 자금 지원을 요청할 때, 그리고 마지막으로 회사를 경영할 때 상상 이상으로 꼼꼼하게 준비를 해야 한다. 엉성한 준비의 다음 단계에는 실패가 기다릴 뿐이다.

둘째, 회사에 대한 계획을 보여주되 지분 분할에 관한 내용은 없는 사업 계획과 투자설명서Private Placement Memorandum, PPM 사이의 차이점을 이해하라. 투자설명서는 반드시 다음 내용을 자세히 담고 있어야 한다. 그리고 이 내용을 요약하여 한두 페이지짜리 엘리베이터 피치Elevator Pitch, 투자자와의 첫 만남에서 어떤 제품이나 서비스, 단체 혹은 특정 사안 등을 소개하는 간략한 연설. 엘리베이터를 타서부터 내릴 때까지 약 60초 이내의 짧은 시

긴 안에 투자자의 마음을 사로잡을 수 있어야 한다는 뜻을 내포하고 있다. 첫 만남에서는 1~2분 안에 느끼는 첫인상이 투자에 절대적인 영향을 미치기 때문이다. ─역주를 만들자. 참고로, 아래 네 가지 질문은 투자자들이 실질적으로 궁금해하는 내용이다.

- 얼마나 많은 금액이 필요한가?
- 그 투자금으로 무엇을 할 것인가?
- 투자를 통해 투자자들이 얻을 수 있는 건 무엇인가?
- 투자자는 어떻게 투자를 종료할 수 있는가?

엘리베이터 피치는 투자자가 심리적으로 '확' 끌리도록 만들어야 한다. (와! 여기 투자하면 진짜 돈 좀 벌겠는데!) 그래야 투자자가 시간을 들여 투자설명서를 읽을 것이다. 그러니 아무리 당신이 사랑하고 자랑스럽게 여기더라도 제품이나 서비스에 사용된 기술을 장황하게 설명하지 말라. 투자자는 당신이 '어떻게' 그 제품이나 서비스를 만들었는지에는 약간의 흥미가 있을 뿐, 그들이 지대한 관심을 보이는 것은 고객에게 무엇을 제공할 수 있는지이다. 크라우드펀딩이나 킥스타터2009년 설립된 미국의 대표적인 크라우드펀딩 서비스를 이용할 생각이라면 신중하게 생각할 것을 권한다. 증권거래위원회SEC에서 여전히 고용법신생 기업들이 쉽게 자금을 조달하여 일자리를 새로 마련하게 하려는 목적의 미국 신생 기업 지원법 관련 법안을 다듬고 있으므로 크라우드펀딩 관련 분야에 변화가 생길 수 있음을 인지하자.

셋째, 적어도 다섯 명 이상으로 구성된 훌륭한 이사회를 세워라. 직원이나 가족들로만 이사회를 채워서는 안 된다. 그리고 1년 정도는 적어도 한 달에 한 번씩 이사회 회의를 열고 만나라. 이것을 가장 필수적인 규율로 삼으면, 경영이 무시되거나 악화하는 문제를 피하게 해 준다. 이것이 무엇보다 가장 중요한 교훈이다.

넷째, 기록은 처음부터 꼼꼼하게 남겨 두라. 기록을 대충 남기는 사람은 예외 없이 실패한다. 특히 매일 필요한 현금 흐름은 꼭 알고 있어야 한다. 현금에 대해 말하자면 경비는 가능한 최소한으로 줄여라. 번쩍번쩍한 차를 빌린다거나 하는 등의 일은 없어야 한다.

다섯째, 고객 수는 가능한 한 많이 늘리도록 한다. 하나의 주요 고객사에 의존 해서는 안 된다. (여기서 내가 제공한 조언은 법적인 것이 아니다. 창업자는 무슨 일을 하든 각자의 변호사나 회계사와 상의해야 한다.)

로저 맥나미 Roger McNamee

기술 투자 회사 **엘리베이션 파트너스, 실버 레이크 파트너스, 인테그랄 캐피탈 파트너스** 공동창업자

준비의 가치는 진실의 순간에 드러난다

창업자의 몸은 그간 상처를 통해 배운 교훈의 흉터로 가득하다. 최고의 스타트업 회사조차 실패를 겪는다. 즉, 창업자 정신이란 실수에서 당당히 회복할 수 있는 능력과도 같다는 것이다. 창업자 자신이 실수를 저지르기 전에 다른 사람의 경험으로부터 교훈을 얻을 수 있다는 건 큰 이득이다.

내가 스타트업을 세워 성공할 수 있었던 중요한 이유는 준비를 했기 때문이었다. 나는 주의 깊은 창업자이고, 기회를 포착하더라도 사업에 뛰어들기 전 적어도 1년 정도는 관련 내용을 공부한다. 내 목표는 해당 분야의 도메인 전문가가 되는 것이다. 스타트업 회사는 대부분 업계의 기존 회사가 지닌 이점을 무력화할 방법을 찾아야만 한다. 때로는 기존 업체가 스스로 자살골을 넣는 때도 있지만, 그보다는 새로운 위협에 적응하는 경우가 더 많다.

준비한다고 해서 미래를 예측할 수 있는 건 아니지만, 중요한 어려움이 무엇일지 예상하여 그에 대비할 수는 있다. 이 정도 준비를 마치려면 시간이라는 비용이 들지만, 섣부른 생각을 피할 때 얻는 이점과 비교하면 그 비용은 사소한 수준이다.

많은 창업자가 혁신적인 기술 스타트업이라면 준비라는 가치가 필요하지 않다고 생각한다. 새로운 세상을 만들면 사람들의 고정관념에 제한받지 않고 뜻밖의 성공을 이루어 부유해질 수 있으리라는 것이다. 실제로 일부 투자자는 사업 경험이 있는 팀의 지원을 중단하기도 했다. 첫 회사를 세운 창업자가 혁신적인 변화를 일으킨다고 믿었기 때문이다. 마이크로소프트, 오라클, 구글, 페이스북은 확실히 그런 경우였지만 그 뒤안길에서는 수만 개의 회사가 경험 부족으로 파산한 뒤 사라졌다.

그렇다면 사업 프로젝트를 시작하기에 가장 좋은 창업자의 조건은 무엇일까? 만일 도메인 전문가가 아니라면, 사업을 시작하기 전에 먼저 도메인 전문가가 되어라. 도메인 전문가가 되면 고객이 가치를 느낄 제품이나 비즈니스 모델 변화를 찾아내는 데 유리해진다. 또한 남들이 이미 저질렀던 실수를 반복하는 게 아니라 '새로운 실수'를 해볼 수 있다. 일단 기회를 포착했다면 스스로 전략을 실행할 능력이 있는지 확인해야 한다. 그러려면 자기 인식이 있어야 하는데, 자기 인식을 할 수 있는 창업자는 생각보다 많지 않다. 사업의 이 정도 초기 단계에서는 불확실성이 가치를 지닌다. 불확실성이 더욱 철저한 준비를 하도록 만드는 유인이 되기 때문이다.

그러고 나면 다음과 같은 진실의 순간이 찾아온다.

당신에게는 사업 아이디어가 있다. 그 아이디어를 실행할 계획도 세웠다. 그 계획을 실행해야 할 것인가?

내 경험의 법칙을 따르자면, 계획에 대해 며칠 더 생각할 시간을 가져야 한다. 며칠 밤을 더 자고 아침에 눈을 떴을 때 그것 말고 다른 일을 하는 자신의 모습을 떠올릴 수 없다면 시작해도 좋다. 하지만 무엇이건 스타트업 대신 할 수 있는 일이 떠오른다면, 그 사업 계획은 떨쳐버려라. 그건 당신에게 맞는 일이 아니다. 스타트업은 결혼보다 되돌리기가 더 힘들다는 걸 명심하라. 잘못된 선택을 하게 되면, 원하는 것보다 더 오랜 시간 동안 꼼짝달싹 못 하게 될 것이다.

"준비의 가치는 아무리 강조해도 지나치지 않다"

피터 그럽스타인Peter S.H. Grubstein

벤처 투자사 **엔젤 파트너스** 창업자 겸 수석 매니징 디렉터

이 미친 모험에서 성공하는 법 : 냉철한 몽상론자가 돼라

사업을 시작하는 건 범블비Bumblebee, 영화 <트랜스포머>에 나오는 캐릭터와 비슷하다. 항공학적으로는 날 수 없지만, 당신은 날고 있는 것이다! 회사를 시작하는 데 있어 가장 중요한 부분은 안전띠가 아니라 꿈이다. 회사를 시작할 때 당신이 지니는 꿈은 매우 중요하므로, 회사를 시작할 때부터 90일, 180일, 1년, 5년 뒤에 무엇을 하고 싶은지, 그리고 어떤 자리에 있고 싶은지 완전하게 그릴 수 있어야 한다. 나는 오늘에 이르기까지 여전히 꿈을 그리는 작업을 계속하고 있다!

내 경우에 꿈을 실현하는 가장 쉬운 방법은 매 분기가 시작될 때마다 분기별 목표를 실제로 적어보는 것이다. 그리고 나서 분기 말이 되면 적어두었던 목표를 다시 읽고 재평가한다. 나는 혼자 회사를 차렸기 때문에 이 과정을 통해 누구에게나 필요한 긍정적인 피드백을 스스로 얻을 수 있었다. 동시에 스스로 잘했다고 등을 두드리거나, 등짝을 후려칠 수도 있었다. 분기별 목표와 비슷하게 연간 목표 목록도 적었다. 목록이라고 하니 다소 강박적인가 싶겠지만, 대개의 경우 목표를 초과 달성했다. 때로 생각보다 시간이 더 걸리기는 했지만 말이다. 그리고 이런 과정

을 통해 사업을 예상하거나 예산을 세우는 능력을 강화할 수 있었다.

성공 여부를 판단하고 싶은가? 그렇다면 사업 상황을 얼마나 잘 예상할 수 있는지 살펴보아야 한다. 창업자로서 예상을 실현하는 가장 좋은 방법은 자신이 세운 가정에 관해 깊이 생각하고, 가능한 모든 만일의 사태를 전부 포함시켰는지 확인하는 것이다. 이를 위한 점검표로 나는 항상 대차대조표의 양면에 핵심 항목을 쭉 적어둔다. 각 항목에 적은 질문을 확인하면서 내가 세운 가정을 철저히 확인할 수 있다. 예를 들어 매출 미수금을 볼 때면 나는 다음 질문을 스스로 던진다.

- 어느 고객사인가?
- 예상 매출 집중도는 어느 정도인가?
- 판매수수료가 있는가?
- 유통모델의 비용은 얼마인가?
- 고객사는 비용을 얼마나 빨리 지급할 수 있으며, 해당 고객사의 재주문 빈도는 어떠한가?

이 간단한 질문 목록이 매출에, 현금흐름에, 판매 비용에 직접 영향을 준다. (매출 미수금란과 각 질문 항목 아래에 더 많은 질문이 있다.) 또한 사업 상황을 정확하게 예상하는 데 큰 통찰력을 제공한다.

마지막으로 건네고 싶은 간단한 조언은 지금 당장 시스템 기반systems infra-structure을 갖추라는 것이다. 가능한 모든 데이터베이스 형식 보조도구를 갖춰라. 그러면 영업, 마케팅, 생산 사이의 상호작용을 자동화할 수 있다. (비록 당분간은 한 사람이 전부 다 하는 일이겠지만.) 처음에는 아주 간단한 고객 관계 관리customer relation management, CRM 소프트웨어만 있으면 된다. 이런 소프트웨어는 원하는 대로 바꿔가며 쉽게 사용할 수 있으며, 사람을 추가로 고용하지 않아도 생산성을 훨씬 높일 수 있다.

반대의 경우도 마찬가지로 중요하다. 직원을 고용할 여유가 있다 하더라도 생산성이 높아지기 전에는 너무 많은 직원을 고용하지 말라. 직원을 고용함으로써 생산성이 높아질 것이 확실할 때만 고용을 진행하라.

"앞선 선배들의 현명함에서 배우라"

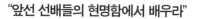

사업을 하고 싶다면, 그리고 열정을 느끼는 분야가 있다면 마치 '이게 성공할 아이디어 야'라는 생각이 든 것처럼 일을 시작해보라. 초기 아이디어는 사실 성공과는 거리가 멀 가능성이 크지만, 이를 바탕으로 정말 좋은 아이디어를 얻으려면 직접 부딪히면서 그 분야에 깊이 마음을 쏟아야 한다. 인생이 그렇듯 사업의 세계 또한 쉽거나 공정하지도 않다. 당신은 실수를 저지를 것이다. 실망할 것이다. 심지어 실패할 수도 있다. 하지만 인류 역사상 위대한 인물의 생애나 사람들이 기울인 엄청난 노력을 살펴보면 알 수 있듯 그런 실수, 실패, 심적 고통은 최후의 승리를 거두는 데 중요한 부분을 차지한다. 당신의 실패는 쉼표일 뿐 마침표가 아니므로 전투에서 패배할 때마다 포기하지 말라. 처절한 전쟁에서 승리하면 된다.

성공의 기술

시작을 넘어, 성취로 나아가기 위한 단계

배리 네일버프Barry Nalebuff

예일대학교 경영대학원 석좌교수, 유기농 음료 회사 **어니스트 티** 공동창업자

성공하는 기업가가 갖춰야 할 전문성의 범위

우리는 목이 말랐다. 하지만 정말 마실 만한 음료는 시중에 없었다. 그래서 진짜 차 맛을 느낄 수 있는 아이스티를 병 음료로 제조하는 회사를 세웠다. 내 제자인 세스 골드만Seth Goldman과 함께 보온병 다섯 개를 가지고 시작한 사업은 2011년 기준 연간 매출액 7천만 달러약 8백억 원에 이르렀고, 그해 코카콜라에서 우리 회사를 인수했다.

이 같은 사업 경험을 가진 덕분에 꽤 많은 젊은 창업자들이 내 연구실로 찾아와 조언을 구한다. 내 조언은 바로 이렇다. 사업하지 말라. 아니면 적어도 좀 기다려라.

이게 무슨 부정적인 조언이냐고? 내 생각에 젊은 창업자들에게는 더 이상의 격려는 필요 없을 것 같기 때문이다. 젊은 창업자들은 오히려 지나치게 자신만만해서 잘못될 수 있는 온갖 일들을 생각하지 못하고, 반드시 해내야 하는 일을 제대로 평가하지 못하는 경향이 있다. 누군가 사업을 시작했다 중도에 그만뒀다면, 그는 상황을 극복하는 데 필요한 신념이나 열정이 없었을 가능성이 크다.

서둘러 방아쇠를 당길 필요는 없다. 대부분 창업자들이 그러하듯, 처음 떠오른 아이디어가 인생 최고의 아이디어일 가능성은 적다. 물론 예외는 있다. 온라인 기반 사업에서 가능성을 발견하는 특별한 학부생도 가끔 있다. 특히 친구들을 위해서 만든 온라인 서비스처럼 말이다. 문제는 케이터링 사업, 티셔츠 인쇄 회사, 심지어는 우산 자동판매기 회사를 세우려고 앞날이 창창한 대학 생활의 상당 부분을 포기하려는 학생들이 적지 않다는 점이다. 도서관에서 일하는 교내 근로의 대안으로는 괜찮다. 하지만 무엇이 중요한지 알아야 한다. 그런 일을 직업이라고 생각해보라. 학교를 중퇴하기는커녕 수업에 결석할 정도의 가치도 없는 일이다.

그렇다면 젊은 창업자가 되려는 사람이 할 일은 무엇일까? 우선 하나의 방법은 다른 사람의 경험을 통해 배우는 것이다. 다른 사람의 스타트업 회사에 들어가 그들이 무엇을 잘하고, 무엇을 잘못하는지 직접 보라. 하지만 미리 알아두라! 한번 스타트업에서 일해보면 일반 기업으로 돌아가는 건 어려워진다. 일반 기업에서 스타트업 경험을 높이 사지 않아서가 아니라(보통은 자산이라 생각한다.), 일단 스타트업 환경에서 빠른 속도로 일을 진행해보면 일반 기업의 관료주의 환경을 견딜 인내심이 사라질 것이기 때문이다.

피터 틸Peter Thiel, 페이팔 창업자이자 《제로 투 원》 저자 —역주이 학생들에게 대학을 그만두고 스타트업의 꿈을 좇으라며 돈을 주는 세상이다. 이런 세상에서 경영대학원 학생들은 무엇을 공부해야 하는가? 일반적으로 교육은 점차 전문화하는 방향으로 나아간다. 영문학을 전공하는 학생은 처음에는 소설, 비소설, 시, 희곡부터 읽기 시작한다. 시간이 지나면서 학생은 20세기 문학에 초점을 맞추고 버지니아 울프로 옮겨가 마침내 <댈러웨이 부인Mrs. Dalloway>버지니아 울프의 장편 소설 —역주과 그녀의 꽃 이야기를 읽게 된다. 마침내 대학원에 진학하면 대부분은 전문가가 되기 위한 교육을 받는다. 하지만 경영대학원은 정반대이다. 우리 학교에서는 학생들에게 회계, 경제, 재무, 마케팅, 협상, 운영, 조직 행동 그리고 전략 수업을 반드시 들을 것을 요구한다. 학생들이 익히 알고 편안하게 여기는 과목 외에 다양한 과목들을 수강하게끔 하는 것이다.

스타트업을 이끌면서 만나는 어려움 또한 마찬가지다. 당신은 무엇이든 할 수 있는 사람이 되어야 하고, 그 가운데 많은 분야에서 전문가가 되어야 한다. 어떤 분야에 관해 충분히 알지 못하면 실수하기 마련이며, 비즈니스의 세계에서 실수는 용서받지 못한다. 아주 작은 실수조차 치명적일 수 있다. 물론 전문가를 고용하는 방법도 있지만, 스스로 그 분야를 진짜 이해하지 못한다면 제대로 된 사람을 고용하는 데도, 그리고 적절한 인재를 관리하는 데도 어려움이 따를 것이다.

회사를 세울 땐 이상적으로 생각하기 쉽다. 즉 즐거운 일, 돈을 버는 일만 머릿속에 그리기 쉽지만 그 과정에 따르는 위험은 상상하기 어렵다. 물론 나도 당신이 열정을 따르는 삶을 살기를, 그리고 세상을 더 나은 곳으로 만들기를 바란다. 하지만 동시에 나는 당신이 성공하기를 바란다. 그런 의미에서 나의 노파심 어린 조언에 잠시나마 귀 기울여주길.

프리츠 랜맨Fritz Lanman

모바일 개인 맞춤형 추천 애플리케이션 제공 회사 **라이브스타** 창업자

당신은 사업가가 될 만한 사람인가

기업가 정신은 자본주의의 핵심이며, 미국 경제의 생명선이다. 기업가보다 더 고귀한 직업도, 더 영광스러운 목표도 없다. 그렇기는 하지만 회사를 세워 성공하는 건 정말 어려운 일이다. 그리고 기업가 외에 다른 일은 할 수 없는 사람이 아닌 다음에야 직업으로 선택하기에는 가혹한 일이다. 이끌어 줄 규칙이나 틀도 없고, 직접 부딪히며 일을 배우는 수밖에 없다. 당신이 쓸 수 있는 최고의 방법은 성공 확률이 최대로 큰 환경에 들어가는 것, 필요한 기술을 배우는 것(프로그래밍, 기본적인 재무 지식, 제품 전문성, 시장 분석, 구조화된 의사소통 방법 등), 유용한 관점과 네트워크를 지닌 사람을 만날 방법을 찾는 것이다.

생존 감각이 고조되는 경험을 해보고 싶다면, 그리고 위대한 일을 해낼 기회를 얻고 싶다면 기업가가 돼라. 하지만 제발 돈을 위해서나(돈을 벌 확률보다 그렇지 못할 확률이 더 높다.), 아니면 '한번 경험해보고 싶다'라는 이유로 회사를 세우는 짓은 하지 말라. 오직 이것 없는 세상은 견딜 수 없다는 무엇인가가 있을 때만 회사를 세워 기업가가 돼라.

케이시 제럴드Casey Gerald

경영대학원 학생과 기업을 매칭하는 비영리단체 **MBA 어크로스 아메리카** 공동창업자 겸 CEO

당당하게 훔쳐라, 전쟁에서 승리하라

하버드 경영대학원에 다닌 입장에서 내가 미국 산업의 미래에 관해 한 가지 말할
수 있는 게 있다. 미국 산업은 그저 화려한 경영대학원 졸업장만이 아니라 위대한
비전과 진정한 끈기를 가진 기업가들이 세운 것이란 점이다. 그러나 당신이 세상
을 바꾸기 전에 몇 가지 해야 할 일이 있다. 아래 소개할 아홉 가지 할 일 목록은
사회생활 신입이었던 시절 내가 배운 교훈, 그리고 미국 전역에 있는 꿈 꾸는 자와
실행하는 자들의 경험에서 우러나온 것이다.

스스로 질문하라, 나는 창업자인가?

어느 현명한 사람(Jay Z미국의 래퍼 —역주)이 이런 말을 했다. "모두를 위한 게 아니
다It ain't for everybody." 그의 말이 맞다. 그리고 모두를 위한 것이어야 하는 것도 아
니다. 창업이 유행이지만, 잘못된 이유에서 창업하는 건 아예 하지 않는 것만큼,
아니 그보다 더 나쁘다. 다음은 내가 던지는 두 가지 질문이다.

● 뛰어난 아이디어가 있는가?

● 남다르게 특별하면서 동시에 정상적인 사람과 함께 일하고 있는가?

위의 두 가지 조건을 하나도 충족하지 못한다면 훌륭한 직업을 찾아라. 두 가지 조건 가운데 한 가지만 충족한다면 도전할 생각을 해보라. 두 가지 조건을 모두 만족한다면 정말 마법 같은 일을 해낼 수 있을 것이다.

발을 내딛어라…, 하지만 믿는 구석은 전혀 없어야 한다

우리는 정말 위대한 일을 해낼 수 있는 문턱까지 아주 자주 간다. 하지만 바로 그 직전에서 두려움(성공에 대한 두려움과 실패에 대한 두려움) 때문에 그만 가던 길을 완전히 멈추고 만다. 누군가는 이렇게 썼다. 인생에 '예스'라고 말하는 건 엄청난 어려움이라고. 하지만 우리 모두는 언젠가 죽는다. 그렇게 되면 '예스'라고 말할 수 있는 대상은 아무것도 남지 않으니 지금 당장 하라.

트럼펫 연주자 윈턴 마살리스Wynton Marsalis가 재즈 음악가가 되겠다고 결심했을 때, 그의 아버지가 말했다. "믿는 구석을 가질 생각일랑 하지 마라. 왜냐하면 네가 물러서고 싶어질 때가 찾아올 거거든." 프로젝트나 사회 운동, 회사를 시작하면서 나도 그 말이 사실이라고 느꼈다. 하려는 일에 자신의 100%를 쏟아붓지 않을 거라면 아예 시작하지 않는 편이 낫다. 그러니 맥킨지McKinsey사에 보내려던 이력서는 치워라. 컨설팅 일을 할 기회는 언제나 있을 것이다. 하지만 세상을 바꿀 남다른 기회는 그렇지 않다.

경영 관련 서적은 그만 읽어라

처음 어느 스타트업 회사에 취업했을 때 내가 제일 먼저 했던 일은 서점에 가서 비즈니스와 경영 관련 책을 서너 권 산 것이었다. ≪90일 안에 장악하라≫, ≪현실 확인≫ 등의 책을 사서 집어삼킬 듯 읽고, 출근 첫날에 써먹을 생각으로 엄청난 양을 메모했다. 출근 첫날이 되어 회사에 갔지만, 나는 그 메모를 다시 꺼내보지 않았다. 내가 읽었던 책이 나빠서가 아니라 회사에서 일을 처리하는 일상에 큰 관련이 없었기 때문이었다. 책을 통해 여러 가지 도움을 얻을 수 있지만, 책이 직원을 고용하거나 신규 고객을 유치하는 건 아니다. 그러니 먼저 그 일에 집중하고, 짐 콜린스Jim Collin, 현존하는 최고의 경영사상가로 불리는 경영컨설턴트이자 작가 —역주는 그 후에 찾아보자.

예일대 출신임을 잊어라

나도 안다. 이럴 거면 처음부터 도대체 왜 예일대에 갔는지, 그 목적이 사라진다. 하지만 세상을 바꿀 거라면, 그리고 세상을 바꾸는 동안 불쾌하지 않은 사람으로 남으려면 굴욕을 좀 참고, 우리가 무슨 대학을 나왔는지 신경 쓰는 사람은 아무도 없다는 사실을 인정해야 한다. 멋진 아이디어와 끝내주는 팀만 있다면 말이다.

학벌로 으스대지 말라. 그리고 파란 재킷과 카키색 바지프레피 룩이라 불리며, 예일대를 비롯해 아이비리그 하면 떠오르는 대표적 패션 —역주는 그만 입어라. 그런 옷은 졸업 20주년 기념 동창회 때 다시 꺼내 입을 기회가 반드시 있을 것이다.

부채를 멀리하라

지난 5천 년 동안 수많은 제국과 헤아릴 수 없는 개인이 빚 때문에 무너졌다. 당신의 자유와 유연함을 부채로 망치지 말라. 이미 대출받은 돈이 있다면 가능한 한 빨리 상환하라. 검소하게 지내라. 할인판매를 할 때 쇼핑하고, 요리하는 법을 배워라. 아니면 적어도 맛있는 샌드위치 만드는 법만이라도 배워라. 우편함에 들어오는 온갖 신용카드 혜택 안내문은 갖다 버려라. 경영대학원에 25만 달러나 쏟아붓지 말라. 이와 관련해서는 나폴레온 힐Napoleon Hill 의 책 ≪성공의 법칙The Law of Success≫에서 개인 부채를 다룬 부분을 읽어보길 권한다. 나중에 내게 감사하게 될 것이다.

당당하게 훔쳐라

최초의 기독교인들은 유대교로부터 책의 반을 훔쳤다. 미국 건국의 아버지들은 영국에서, 로마에서, 그리고 계몽주의 철학자들로부터 아이디어를 도용했다. 심지어 비틀스도 도용한 적이 있다! 예수님이, 조지 워싱턴이, 폴 매카트니가 했다면 당신도 해도 된다. 당신이 지닌 멋진 아이디어와 끝내주는 팀으로 무언가 만들려 한다면, 이미 있는 걸 다시 만드느라 쓸데없이 시간을 낭비하지 말라. 이미 세상에 나와 있는 게 있다면 그걸 사용하고, 그 외에 다른 걸 만들어라. 오스틴 클레온Austin Kleon 이 쓴 책 ≪훔쳐라, 아티스트처럼Steal Like an Artist ≫은 가장 생산적이면서도 윤리적으로 도용하는 방법을 알려주는 훌륭한 안내서이다.

사업 계획이 아니라 스토리를 써라

사업 계획서를 쓰는 법은 당신도 알고 있을 것이다. 투자자들에게 당신이 파악한 문제점과 그것을 어떻게 해결할지에 관해 이야기해라. 그리고 당신의 회사가 어떻게 돈을 벌 것인지 등을 이야기해라.

대부분의 초보 기업가들은 투자자들에게 좋은 인상을 남기기를 바라며 가능한 한 많은 자료를 발표 내용에 욱여넣을 방법을 찾기 위해 갖은 연구를 다 한다. 그러나 그전에 투자자들은 지겨워 죽을 것이다.

그저 그런 기업가들과는 달리 유능한 기업가에게는 '이야기'가 있다. 이야기는 사업 계획상의 모든 무엇what에 대한 이유why가 된다. 사실fact이나 자료가 중요하지 않아서가 아니다. 과거, 그리고 현재보다 훨씬 더 좋은 미래의 모습을 그려보고 싶기 때문에 사람들은 이야기를 원한다. 한편, 사실과 자료는 변할 수 있다. 그러므로 당신 회사의 브랜드는 그저 고객이 돈을 내고 사는 제품이나 서비스에 그치는 게 아니라 그 이상의 것을 지녀야 한다. 회사의 브랜드를 통해 고객은 더 나은 삶, 더 완전한 삶, 더 멋진 삶을 살 수 있어야 한다. 그런 이야기가 들어 있지 않다면 사업 계획은 생명력 없는 스무 페이지의 발표자료에 불과하며, 세상을 바꿀 확률도 없다.

하나의 아이디어를 소개한다. 스무 장의 빈 종이를 바닥에 놓고 유성 매직펜을 꺼내 써 보자. 각 종이에 가장 흥미롭고 중요한 내용을 담은 문장을 큰 글씨의 한두 줄로 적는다. 사람은 움직일 때 가장 창의성을 발휘하므로, 지칠 때까지 계속 적어라. 그러면 누군가 눈물을 흘릴 정도의 이야기를 쓸 수 있을 것이다.

멘토가 아니라 옹호자를 찾아라

내게는 정치인 친구가 한 명 있는데, 이 친구는 개인 법률사무소를 개원하려 하는 중이다. 그가 얼마 전 이렇게 말했다. "난 이제 조언은 듣지 않을 거야." 그게 무슨 말인지 나는 완전히 이해할 수 있었다. 많은 사람이 당신을 위해 시간을 내어주고, 심지어 밥을 사거나 자기 친구를 소개해 주는 등의 방식으로 도움을 주고자 한다. 그 가운데 일부는 멘토 노릇을 하기도 하며, 당신은 그들을 소중히 여기게 될 것이다.

하지만 지금 당장 당신에게 필요한 사람은 사업에 대한 혜안을 줄 멘토, 혹은 스승이 아니다. 당신을 대신해 말해 줄 누군가, 즉 옹호자가 필요하다. 당신이 무료 법률 서비스를 받을 수 있도록 친구를 소개해 주는 사람, 초기 자금조달seed funding에 관해 진지한 이야기를 나눌 수 있는 사람, 당신이 일을 망쳤을 때 그걸 알려주고 당신을 도와 사태를 해결해 줄 사람이 있어야 하는 것이다. 멘토와 옹호자를 구별하는 법을 배워라. 그러면 일을 처리하는 데 드는 엄청난 시간을 아낄 수 있다.

단, 주의할 점이 한 가지 있다. 절대 남을 이용하는 사람이 되어선 안 된다. 그리고 돌이킬 수 없는 무모한 짓은 하지 말라. 상대와 서로 윈윈 할 수 있는 방법을 찾고, 관계를 맺을 때 진심을 담아라. 당신의 가장 소중한 자산은 평판이며, 평판을 망쳐도 좋을 정도로 가치 있는 스타트업은 없다.

전쟁에서 승리하라

인생이 그렇듯 사업의 세계 또한 쉽거나 공정하지 않다. 당신은 실수를 저지를 것이다. 실망할 것이다. 심지어 실패할 수도 있다. 하지만 인류 역사상 위대한 인물의 생애나 사람들이 기울인 엄청난 노력을 살펴보면 알 수 있듯 그런 실수, 실패, 심적 고통은 최후의 승리를 거두는 데 중요한 부분을 차지한다. 당신의 실패는 쉼표일 뿐 마침표가 아니므로, 전투에서 패배한다고 해서 포기하지 말라. 처절한 전쟁에서 승리하면 된다.

덤으로 알려주는 이야기. 다음에 나오는 인용구를 책상이나 벽에 붙여놓고, 누군가(혹은 스스로) 당신은 이제 끝났다고 할 때마다 읽어보라.

비평가가 하는 말은 중요하지 않다. 비평가들은 강한 사람이 휘청일 때 그걸 지적하고, 어떤 일을 한 사람을 두고 더 잘할 수 있었을 거라고 말할 따름이다. 인정받아야 할 사람은 실전에 임하는 사람, 얼굴이 먼지와 피와 땀으로 얼룩진 사람, 용감하게 분투하는 사람, 실수하는 사람, 목표에 이르지 못했지만 계속 반복해서 노력하는 사람이다. 실수와 부족함이 없으면 노력했다고 할 수 없기 때문이다. 이들은 실제로 어떤 일을 해내려 노력했고, 엄청난 열정과 헌신이 무엇인지 알고 있으며, 가치 있는 일을 위해 자신을 바친 사람들이다. 최선의 경우라면 마지막에 큰 성취를 얻을 것이며, 최악의 상황이라면 실패할 것이다. 하지만 적어도 대담하게 뛰어들어 실패한 것이다. 그러니 그 사람의 자리에는 승리나 패배를 모르는 멍하고 무정한 영혼은 절대 깃들지 못할 테다.

— 테디 루스벨트Teddy roosevelt

STEAL
SHAMELESSLY

"당당하게 훔쳐라"

도나 두빈스키|Donna Dubinsky

휴대 정보 단말기 제조 회사 **팜**, 휴대용 PC 제조업체 **핸드스프링**, 기계 지능 개발회사 **누멘타** 공동창업자

행운이 따를 수 있는 환경에 몸을 던져라

예일대 학생이던 시절, 나는 자신의 미래를 전혀 상상하지 못했다. 상장된 첨단 기술회사의 최고경영자가 되고, 4번의 주요 컴퓨터 혁명개인 컴퓨터, 휴대용 컴퓨터, 스마트폰, 지능형 컴퓨터에 참여하리란 것을 말이다. 헉, 그리고 보니 난 사학을 전공했는데!

어떻게 이렇게 되었을까? 내가 말도 안 되게 운이 좋았다고 스스로 생각하는 날도 있다. 내게는 딱 맞는 멘토가 있었고, 딱 맞는 사람들을 만났고, 운 좋게도 업계에서 가까스로 버텨낼 수 있었다. 그렇다면 이 모든 것이 '적당한 때에 알맞은 장소'에 있었던 덕분일까?

음, 확실히 운도 따랐다. 필라델피아 국립은행이 예일대학교에서 취업설명회를 열어 신입사원을 뽑았고, 거기서 나는 재무분석가로 첫 직장을 얻었다. 그리고 그 직장에서 비즈니스의 세계에 반했다. 비지컬크Visicalc. PC에서 사용할 수 있는 프로그래밍이 불필요한 간이 언어. 표의 집계 처리에 적당한 기능을 가졌다. —역주를 만든 사람들이 우연히 내가 다녔던 경영대학원에 와서 강연을 했고, 그 순간이 내 인생을 바꿔놓았다. 개인용 컴퓨터라는 아이디어를 발견한 것이다. 이후 애플Apple에서 일하면서 훌륭한 상

사 밑에서 일할 기회를 얻었고, 경영에 관해 많은 것을 배울 수 있었다. 그 후 내가 멘토로 모시던 분은 창업을 위해 회사를 떠났고, 내게 함께하기를 권했다. 그렇게 몇 년이 지나 우연히 제프 호킨스Jeff Hawkins를 만났는데 당시 제프는 이제 막 팜Palm을 설립한 참이었다. 내가 최고경영자 역할을 너무나 맡고 싶었던 때, 그는 나를 뽑아주었다. 마침 기술이 충분히 진보한 때가 찾아와 1세대 휴대용 컴퓨터와 그 후에는 스마트폰을 만들 수 있었다.

이 모든 일들은 그냥 '우연'이었을까? 아니면 운 이상의 무언가가 있었을까?

내가 한 가지 조언을 해야 한다면 이렇게 말하고 싶다. 행운이 따를 수 있는 환경에 몸을 던져라. 그리고 행운을 잡을 기회가 찾아왔다는 걸 눈치채면 최대한 활용하라. 주의를 기울여 성공의 토대를 만들어라. 준비가 되어 있어야 한다.

사람들이 전부 개인용 컴퓨터를 사용하게 될 거라는 느낌이 '아하'하고 왔던 순간(지금이야 당연한 소리지만, 1981년에는 전혀 당연하지 않은 일이었다)으로 돌아가 보자. 바로 그 순간 덕분에 나는 애플 컴퓨터에 입사하기로 마음먹었다. 나는 미래를 보았고, 그 일부가 되고 싶었다. 공대에 다닌 게 아니었기 때문에 학교 캠퍼스에서 진행된 면접에서는 응시 기회를 얻을 수 없었다. 그래서 면접관 사무실 밖에 종일 앉아 있으면서, 면접관에게 공손하게 언제든 시간이 나면 대화를 나누고 싶다고 말했다. 마침내 면접관이 내 제안에 응했고, 나는 애플에 기술직이 아니라 고객과 함께 일할 직원도 필요할 거라고 설명했다. 그리고 결국 고객지원 부서에 취업하게 됐고, 거기서부터 첨단기술 분야의 내 경력이 시작되었다. 운이라고? 글쎄, 그 당시에 애플을 알고 있었던 건 행운이었지만, 애플에 일자리를 얻을 수 있었던 비결은 끈기였다.

다른 예를 살펴보자. 나는 실리콘 밸리 교류 모임에서 제프 호킨스를 만났다.

나는 최고경영자 자리를 물색하고 있었고, 제프는 최고경영자로 일할 사람을 찾고 있었다. 제프와 만났을 때, 나는 그가 가진 차세대 컴퓨터, 모바일 컴퓨터에 관한 비전을 듣고 즉시 영감을 얻었다. 하지만 그가 나를 최고경영자로 뽑아줄까? 그래서 나는 내가 상사로 모셨던 분, 함께 일했던 동료, 부하직원으로 일했던 친구들로부터 한 페이지 가득 추천서를 받아 제프에게 보냈다. 그에 앞서 평소 나는 항상 좋은 인간관계를 맺으려고 신경 써 왔다. 개인적으로 세운 목표가 있었는데, 그건 나와 함께 일한 모든 사람이 기꺼이 나와 다시 일하고 싶어 하도록 대하는 것이었다. 일이 잘 안 풀리는 때가 있어도 나는 같이 일하는 사람들을 존중하고, 프로답게 대하려 애썼다.

자, 그렇게 오랫동안 공들여 온 인간관계가 빛을 발했다. 제프는 내가 보낸 긴 추천서를 확인하고, 나에 대한 평판을 조회한 결과 모두에게서 긍정적인 대답을 얻었다. 그래서 제프는 나를 고용했고, 이후 나는 영광스럽게도 20년이 넘는 시간 동안 3개의 회사에서 그와 파트너로 일하게 되었다.

그렇다, 나는 아주 운이 좋았다. 그리고 당신에게도 운이 좋아지도록 노력하라고 권하고 싶다! 하지만 나는 또한 행운이란 우연히 찾아오는 게 아니라는 것도 안다. 운은 구하는 사람에게 찾아온다. 사람들이 흔히 말하듯 행운이란 준비와 기회의 만남이다.

빅터 쳉 Victor Cheng

프로그램 디스플레이용 기업 플랫폼 **페이퍼지** 공동창업자 겸 최고기술책임자

개인의 역량은 작은 회사에서 더 크게 성장한다

사람들은 보통 스타트업에 관해 낭만적으로 생각한다. 나만의 아이디어를 가지고, 나만의 방법으로, 나만의 시간에 일해 결국에는 큰 회사가 된다는 식이다. 안타깝지만 현실은 다르다. 위대한 꿈이 빛나려면 힘든 노동이 따라야 한다. 사업을 하면 당신이 하고 싶은 일을 하는 부분도 있지만, 하기 싫은 일을 해야 하는 때도 많다. 하지만 훌륭한 배움의 경험을 쌓을 수 있다. 끊임없이 편하고 익숙한 일에서 벗어날 수밖에 없으므로 미래에 맡게 될 여러 다른 역할을 준비할 수 있다.

나는 내성적인 그린 엔지니어green engineer, 장기적인 환경의 지속가능성을 고려해 기존 제품과 프로세스를 개선하고, 오염 발생을 방지하는 방식으로 제품이나 서비스를 설계하는 엔지니어로 사회 생활을 시작했으나 정말 많은 것을 배운 것은 스타트업을 경영하면서였다. 내가 생각한 아이디어란 새로운 기술을 이용하는 사업, 그뿐이었다. 하지만 곧 예상치 못했던 일들을 배우게 되었다. 직원을 뽑기 위해 면접을 보는 법이나 업무 경험이 많은 나이 든 직원을 대하는 법, 팀을 구성하는 법, 판매 및 홍보하는 법, 전문가가 아닌 사람에게 기술을 설명하는 법 등이 그것이었다. 내가 의도치 않게 배운 지식과 기

술은 이 외에도 아주 폭넓게 다양하다.

일례로, 페이퍼지PaperG를 창업한 후 맞은 첫여름에 나는 주로 회사의 첫 상품인 플라이어보드Flyerboard를 개발하는 데 집중했다. 제품 개발에 바로 집중해 프로그래밍을 시작할 수 있으리라 생각했기 때문에 신이 나 있었다. 내가 정말 하고 싶었던 일이었기 때문이다. 그런데 프로그래밍 언어로 PHP와 플래시Flash에만 능숙하면 될 것 같았던 예상과 달리 시스템 관리와 서버 셋업을 위해 마이에스큐엘MySQL, 액션스크립트ActionScript, 자바스크립트JavaScript를 비롯한 다른 많은 소프트웨어를 배워야 한다는 걸 알게 되었다.

다행히 내게는 함께 회사를 창업한 뛰어난 동료들이 있어서, 이들이 경영 측면의 대부분을 관리해 주었다. 그렇기는 하지만 여전히 나 또한 경영에 대해 상당히 많은 걸 배워야 했다. 제품을 개발할 때 경영상의 문제를 고려해 반영하는 것도 중요하기 때문이다. 이와 동시에 내가 내린 기술적 결정을 비기술적 용어로 사업 파트너들에게 설명할 방법도 배워야 했다. 그래야 사업 파트너들이 제품 개발 쪽에서 어떤 일이 일어나고 있는지 조금이라도 더 이해할 수 있고, 우리가 우리의 일에 대해 잘 알고 있다는 확신을 줄 수 있기 때문이었다. 회사가 점점 커지면서 나는 프로그래밍 시간이 줄어든 대신 직원을 관리하고, 채용을 고려하고(내성적인 성격인 내게는 둘 다 항상 힘든 일이다.), 우리 회사와 기술이 나아갈 수 있는 방향을 연구하는 데 시간을 더 쏟게 되었다.

대부분 내가 편하게 생각하는 일들이 아니다. 만약 마이크로소프트나 구글 같은 회사에 다녔다면 배울 일이 거의 없었을 테지만, 스타트업을 한 덕분에 사업을 전체적으로 균형 있게 이해하게 되었고, 기술의 세계에서 내가 가장 좋아하는 부분이 어디인지 알 수 있었다.

대기업은 당신을 필요로 하지 않는다. 하지만 작은 회사에는 당신의 힘이 필요하다. 그래서 대기업에 다녔다면 익히지 않았을 기술을 배울 수밖에 없다. 이유는 단순하다. 그렇지 않으면 회사가 살아남을 수 없기 때문이다. 때로 인생을 살면서 바라지 않았던 경험을 해보는 게 도움이 될 때가 있다. 그런 경험을 통해 배우는 것이 가장 많기 때문이다. 또한, 하고 싶은 일을 할 때, 그 일을 당연하게 여기기보다 한층 감사하는 마음을 가질 수 있게 된다.

GROWING OUTSIDE

YOUR COMFORT ZONE

"편안하게 느끼는 곳을 벗어나 성장하라"

패트리샤 브렛 Patricia Brett

고급 수영복 회사 **베로니카 브렛** 창업자 겸 디자이너

불확실성을 극복하는 노하우

창업가의 삶은 '불확실성'이라는 한 단어로 요약할 수 있을 것 같다. 내 아이디어가 받아들여질까? 사람들이 그걸 살까? 내가 할 수 있을까? 어디서 돈을 구해야 하지? 본업을 그만둬야 할까?

하지만 이 모든 문제를 진짜 고민하려 들면, 창업자는 영원히 앞으로 나아갈 수 없다. 그렇다. 시장도 분석하고, 적정 가격 수준도 알아야 하고, 우리 회사가 가진 기술(혹은 부족한 부분)도 평가해야 하고, 그리고 잠재 투자자에 관해서도 생각해야 한다. 그럼에도 불구하고 어느 순간이 되면 그냥 다음 단계를 향해 발걸음을 내디뎌야만 한다. 앞으로 나아가는 걸 방해하는 것들, 알려지지 않은 부분, 미처 고려하지 못한 내용, 장애물(혹은 지뢰!)은 언제나 있다. 알고 싶은 모든 대답을 얻을 때까지 기다리다 보면 다른 사람이 나보다 한 발 앞서거나, 내 아이디어가 구식이 되거나, 아니면 단순히 김이 새 버리기 십상이다. 그러니 어느 시점이 되면 일단 시도하면서 전부 잘 될 거라는 믿음을 가져야 한다.

스스로 긍정적인 생각, 한계를 두지 않는 생각을 바탕으로 행동하면 성공한다고 나는 진심으로 믿고 있다. 여기서 어려운 부분은 끊임없이 계속 긍정적인 생각에 초점을 맞춰야 한다는 것이다.

나는 베로니카 브렛을 세우는 동안 계속 앞으로 나아가기 위해 작은 수첩을 하나 마련해, 거기에 내 생각과 성공을 거둔 일, 그리고 장애물이 무엇인지 기록했다. 그렇게 종이에 전부 적음으로써 내가 이룬 성과를 기념할 수 있었다. (그리고 기억할 수도 있었다!) 동시에 그다지 좋지 못한 일들은 종이에 적어 잊어버리거나 지워지게 했다. 방법은 다음과 같다.

몰스킨Moleskin의 작은 주간 플래너에 '투명한 일기clarity journal'를 적는다. 장마다 왼쪽 페이지에는 (+) 목록을, 오른쪽 페이지에는 (-) 목록을 적는다. 여기에 더해 영감을 주는 짤막한 문구들을 모아 플래너 뒤편의 빈 곳에 적어둔다. 그리고 일이 잘 안 풀릴 때면 플래너 뒤편을 펼쳐, 그 문구들을 몇 개 읽고 믿음을 일깨운다. 자신에 관한 믿음, 아이디어에 관한 믿음, 그리고 어떻게든 일이 전부 잘 풀릴 것이라는 생각에 관한 믿음이다.

지금부터 인용하는 구절 가운데 일부는 종교적인 내용이고, 또 일부는 내가 옮겨 적으면서 단순화하여 차용한 것들이다. 모두 내가 계속 나아갈 수 있게 해 주는, 정말 좋아하는 문구들이다. 여러분에게도 도움이 되기를 바란다.

- 나는 두렵지 않다. 나는 이 일을 하기 위해 태어난 사람이다. 잔 다르크

- (비밀 재료로 만든 수프에서) 비밀 재료는 바로 너야! 영화 <쿵푸팬더> 중에서(이 문구는 영화 속 대사를 단순화한 것으로, <쿵푸팬더>는 자신에 대한 믿음을 되살리는 데 큰 도움이 된다.)

- 인생은 이렇게 단순하다. 우리는 전적으로 투명한 세상에 살고 있으며, 신은

그 속에서 항상 빛을 발하고 계신다. 토머스 머튼(현대의 대표적인 영적 스승으로 꼽히는 트라피스트회 신부이자 작가, 평화 인권운동가)

- 오늘이 바로 그 날이고, 네가 바로 팀이다. 노트르담 파이팅 아이리시 풋볼팀의 좌우명(티셔츠의 등에 쓰인 걸 볼 수 있다.)

- 인생에서 어떤 일이 닥치더라도 생각과 마음에 평화를 구하라. 윌리엄 버건 예수회 신부(뉴욕 성이나시오 로욜라 성당에서 설교 말씀 중)

그리고 마지막으로 내가 가장 좋아하는 작가이자 베트남의 승려인 틱낫한Thich Nhat Hanh의 책, ≪당신은 여기 있습니다You Are Here≫에 나오는 구절이다.

당신 인생에서 가장 멋진 순간은 이미 지나갔나요? (중략) 부처님은 이 순간을 인생에서 가장 아름답고 멋진 순간으로 만들라고 분명한 가르침을 주셨습니다. 현재의 순간이 당신 인생에서 가장 멋진 순간이 되어야 합니다. 현재의 이 순간을 멋진 순간으로 만드는 데 필요한 건 자유입니다. 당신이 할 일은 과거나 미래 등에서 나온 걱정과 집착으로부터 자신을 해방하는 것입니다.

내가 젊은 사업가들에게 전하고 싶은 메시지는 이렇다. 불확실성을 극복하려면 스스로에 대한 끊임없는 믿음이 있어야 한다는 것, 그런 믿음을 가지려면 무엇을 해야 할지 생각해보라는 것이다. 아니면, 나이키Nike의 광고 문구처럼 "그냥 해봐Just do it!"라고 말하고 싶다.

토빈 피셔Tobin Fisher

작가 온라인 플랫폼 **수트로 미디어**, 수소에너지 회사 **아르디카 테크놀로지스** 공동창업자

창업을 꿈꾸는 사람들을 위한 현실적인 체크리스트

어느 분야든, 자신이 진심으로 마음 깊이 열정을 느끼는 분야인지부터 확인하라. 아이디어에서 시작해 회사를 세워 성공하고 사업에서 손을 뗄 때까지 보통 10년 정도는 걸린다. 그리고 그 10년 가운데는 분명 어둡고 힘든 시간이 따를 가능성이 크다는 점도 고려해야만 한다. 부자가 되고 싶다는 열망만으로는 그런 시간을 버텨낼 재간이 없다.

사업을 하고 싶다면, 그리고 열정을 느끼는 분야가 있다면 마치 '이게 성공할 아이디어야!'라는 생각이 든 것처럼 일을 시작해보라. 초기 아이디어는 사실 성공과는 거리가 멀 가능성이 크지만, 이를 바탕으로 정말 좋은 아이디어를 얻으려면 직접 부딪히면서 그 분야에 깊이 마음을 쏟아야 한다. (1년 정도 일한다고 생각하라.) 아이디어를 얻는 데 일단 일을 시작해 무언가를 쌓아 올려 보는 것보다 더 나은 방법은 없다. 이 점을 명심하여 첫 아이디어는 버리고 더 나은 다른 아이디어로 나아가겠다는 마음의 준비를 해라.

인맥을 만들고, 새로운 아이디어와 당신의 첫 직원들, 그리고 잠재 투자자를 만나기 위한 기반을 닦아라

이미 일해본 경험이 있고, 사람들에게 보여줄 무언가가 있는 상태라면(사업 계획은 중요하지 않다.) 만남은 훨씬 쉽게 이루어진다. 당신이 무슨 일을 하는지, 그리고 다음 단계에서는 무슨 일에 노력을 기울이려는지 아는 사람이 있으면 당신과 당신의 팀이 조만간 다음 단계에 다다르도록 동기를 부여하는 데 도움이 된다.

겸손하라

자신이 믿는 모든 것이 사실이라는 가정은 틀렸다. 돈을 내고 물건을 사는 고객의 손에 더 빨리 당신의 제품을 전달하라. 이를 통해 피할 수 없었던 실수가 무엇이었는지 더 빨리 알고 제품을 수정할 수 있다.

똑같은 입장의 동업은 하지 말라

이사회가 최종 결정자의 역할을 한다 해서 방심하지 말자. 동업자 사이의 권력 다툼은 오히려 사이가 좋은 경우에 발생하며, 이는 회사에 회복할 수 없는 피해를 준다.

채용은 천천히, 해고는 빠르게 하라

당신이 구성한 팀은 회사를 만들 수도, 무너뜨릴 수도 있다. 그러므로 팀은 아주 신중하게 구성해야 한다. 나쁜 직원은 눈 깜빡하는 사이에 기업 문화를 망칠 수 있다. 선을 넘는 행동이 무엇인지 확인하고 나쁜 상황을 즉시 끝내야 한다.

다른 무엇보다도 팀에 신경을 써라

앞서 이야기한 여러 '만남' 가운데 팀보다 더 중요한 건 없다. 당신이 팀을 이끌고 있다면, 본인의 역할은 팀의 각 구성원이 지닌 훌륭한 점이 발현될 수 있도록 도와주는 사람이라고 생각하라. 절대 팀원보다 자신의 성취를 앞세워서는 안 된다. 문제는 생겼다가 사라지지만, 일단 팀원들이 팀에 대한 신뢰를 잃거나 사기가 저하되거나 좋은 문화 가치가 없어지면 다시 회복하기는 정말 힘들다.

최선을 다하는 문화를 만들어라

일하는 동안 최선을 다하지 않으면서 온갖 변명을 대기는 쉽다. 하지만 그러면 성공하기는 어렵다. 그렇게 되도록 두지 말라. 대충 일하는 걸 결코, 절대 넘어가지 않으면 언제나 최선을 다하는 문화가 조성된다. 이 부분은 앞서 이야기했던 내용과 상반된다. 최선을 다하는 것과 일을 빠르게 처리하는 것 사이에서 균형을 잡기는 어렵다. 다만 일을 정말 정말 열심히 하면 분명 도움이 된다.

THE CASE FOR HUMILITY

"겸손의 중요성에 관한 생각"

그렉 바누렉Gregg Vanourek
스톡홀름 창업대학 과정 책임자, <창업자의 삶 : 평범하지 않은 인생을 만든 평범한 사람들> 저자

가장 중요한 사업 : 당신의 인생을 경영하라

어떤 사업을 시작한다면, 지금 만들고 있는 회사 외에 다른 중요한 일이 일어나고 있는 또 다른 벤처 기업을 잊어선 안 된다. 그 벤처는 바로 당신의 인생이다. 스타트업을 하려면 강도 높은 열정이 필요하고, 부침을 겪어야 한다. 하지만 그 때문에 당신 자신이 소진되어서는 안 된다.

야심만만한 기업가는 성공하려는 불타는 의지를 지녔다. 이를 이용해 회사뿐만 아니라 당신의 인생, 그리고 회사를 인생 속에 포함할 방법에 대해서도 뛰어난 비전을 세워야 한다. 그저 회사만이 아니라 인생을 경영하는 기업가가 되어라.

'무엇'을 원하는지뿐만 아니라 '왜' 원하는지 생각하라. 누구를 채용할 것인지, 누구와 동업할 것인지뿐만 아니라 누구와 인생을 함께 보낼 것인지 고민하라. 성공할 방법뿐 아니라 봉사할 방법을 생각하라. 효과 있는 비즈니스 모델을 위해서뿐 아니라 중요한 인생을 위해 나만의 방식을 반복하라.

변함없이 깊이 있는 진실한 삶을 살고, 그렇게 회사를 이끌어라. 당신의 인생을 경영하라.

JUMP AT

OPPORTUNITY

"기회를 향해 뛰어들어라"

빙 고든Bing Gordon

벤처 캐피털 회사 **클라이너 퍼킨스** 파트너, 게임 개발사 **일렉트로닉 아츠** 전(前) 최고 크리에이티브 책임자

기회는 타인에게 힘을 주는 사람에게 온다

내게 즐거움을 주는 일 가운데 하나는 큰 성장 잠재력을 지닌 청년들이 젊은 리더로 성장하는 과정을 지켜보고 돕는 일이다. 전(前) 북미아이스하키리그 선수이자 웨인 그레츠키Wayne Gretzky, 선수 아이스하키 역사상 최고의 선수, 살아있는 전설로 불린다. —역주의 룸메이트였던 제프 코트널Geoff Courtnall이 한 번은 내게 스탠리 컵을 받을 수 있는 우승 공식을 이야기해 준 적이 있다. 스탠리 컵을 가져오는 베테랑 선수와 기대 이상의 플레이를 보여주는 떠오르는 신인 선수를 똑같이 대하는 것이다. 하키팀처럼 대부분의 건강한 조직에서는 젊은이들이 뿜어내는 흥분과 에너지가 필요하다고 나는 믿는다.

인생이 그렇듯 아이스하키에서도 명예의 전당에 오를 경력은 보통 일찌감치 시작된다. 웨인 그레츠키는 열아홉 살에 북미아이스하키리그 최우수선수MVP로 선정되었다. 소프트웨어계의 웨인 그레츠키라 할 만한 빌 게이츠Bill Gates는 스무 살의 나이에 마이크로소프트를 세웠다. 만일 당신이 인생에서 1차 지명 선수라면 자신이 가진 재능에 집중해야 할 책임이 있다. 비단 운동선수들만 어린 시절에 보

여준 잠재성을 발휘하는 데 실패하는 건 아니다. 나는 스물여덟 살이 될 때까지 사업을 시작하지 않았던 걸 항상 후회한다. 그때까지는 늘 최대한 할 수 있는 정도에서 약간 힘을 아끼는 느낌이었다.

수십 년 동안 고등학교와 대학교 졸업생들을 채용하고 승진시켜 보니 기회를 가장 많이 얻는 사람은 역시 시작이 빨랐다. 이들은 보통 처음 몇 주 안에 기대 이상의 성과를 냈다. 가장 좋은 질문을 던지고, 항상 좋은 아이디어가 넘쳐났다. 그리고 언젠가 어느 성공한 할리우드 제작자가 신입 에이전트에게 말했던 "할 수 있는 한 최대로 열심히 일하라. 그리고 나서는 더 열심히 일하라."와 거의 같은 모습을 보였다.

돌아보면 이십 대였을 때 나도 잘한 일이 몇 가지 있었다. 당시 나는 '인문학의 삶'을 살았다. 인문학은 값을 매길 수 없을 만큼 가장 가치 있는 교육이다. 이를 바탕으로 나는 이런저런 직업을 가지고 이곳저곳을 돌아다니며 살았다. 그러다 몇 번의 뒤틀린 운명의 장난으로 나는 오스트레일리아에서 상업 어부가 되었던 것만큼이나 쉽게 비디오게임 회사에서 마케팅 담당 부사장이 되었다.

이런 경험을 바탕으로, 나는 '이것저것 시도해보라'고 말한다. 매일 해도 좋을 일이 어떤 것인지 알아보라. 그리고 나서 당신이 좋아하는 일이 주는 가능성 안에서 항상 성과를 내라. 예일의 높은 기준에 맞춰 살아라. '프로들 사이에 섞이는 것'은 대학에서 공부하는 것보다 훨씬 힘들다. 매일 긍정적으로, 힘차게 살아라. 이런 태도가 우리를 얼마나 멀리까지 데려가는지 보면 놀라울 정도이다. 네트워크화된 세상에서 기회는 다른 사람에게 힘을 주는 사람에게 찾아온다.

멘토를 구하라, 당신만의 영웅을 찾아라

하지만 좀 다르게 대처했더라면 좋았을 텐데 생각되는 일도 몇 가지 있다. 가장 첫 번째로 당신에게 알려주고 싶은 건 멘토를 구하라는 것이다. 당신이 존경하는 사람 가운데 최소 한 세대 이상 위이지만 직접적인 상하관계는 아닌 사람을 찾아라. 흐름을 모르고 적절한 관점을 갖추지 못하면 수개월, 혹은 수년을 허비해야 한다. 경력을 잘못 선택한다거나 발령 장소를 현명하지 못하게 고른다거나 단기만 생각하는 협상 태도를 지닌다거나, 혹은 일반적으로 말해 건방지고 미숙한 사고방식을 가지면 그렇게 된다. 예일대학교의 제프 브렌젤Jeff Brenzel 입학처장은 멘토를 구하는 법에 관해 이렇게 말한다. "교수라면 누구나 제자를 원한다. 그러니 그 교수님이 쓴 책 중에 가장 좋아하는 책을 골라 옆구리에 끼고 가서 그 책에 관한 질문을 하면서 자기소개를 하라."

당신의 영웅을 찾아 자세히 관찰하라. 비즈니스의 세계에서 나의 영웅이 되어준 건 광고맨 데이비드 오길비David Ogilvy였다. 그는 작가이자 연구자, 또한 창업자였고, 자신의 지식을 후대에 전하기 위해 책을 썼기 때문이다. 새로운 인터넷 분야에서 창업한 사람이라면 아마존Amazon의 제프 베조스Jeff Bezos를 선택하면 좋을 것 같다. 아마존의 연차보고서에 실린 제프 베조스의 주주 서한을 빠짐없이 읽어보라. 링크드인LinkedIn의 공동창업자인 리드 호프만Reid Hoffman은 《연결하는 인간 : 그들은 왜 공유와 경쟁을 즐기는가The Startup of You》이라는 멋진 책을 썼다. 유명 풋볼 코치인 존 매든John Madden은 풋볼, 코칭의 개요에 관한 여러 책을 썼고, 25년 된 유명 비디오게임을 만드는 데 영감을 주었다. 자신이 이룬 바를 설명해 주는 사람은 당신의 안내자가 될 수 있다.

하나가 아닌 두 개 분야에서 지식을 쌓아라

많은 혁신이 서로 다른 분야가 교차하는 지점에서 발생한다는 걸 알게 될 것이다. 비디오게임이 그랬고, 유전학, 전자책, 아이폰, 그리고 힙합도 그렇게 탄생했다. 평생 배우는 자세를 잃지 말라. 그리고 절대 피드백을 무시하면 안 된다. 여기에 더해서 이왕 하는 김에 데이터 구조학, 통계학, 사용자 인터페이스 등 컴퓨터공학에 친숙해져라. 컴퓨터공학이 당신의 미래를 만든다.

메모하는 습관을 들여라

마지막으로 당신의 아이디어와 계획을 적어두고, 일 년에 몇 번씩 꺼내 살펴보라. 기억은 왜곡되고, 부정확한 기억은 배움의 기초를 약하게 만든다. 지적인 활동을 게을리하면 인생이 위험해진다.

한 가지 덧붙이겠다. 당신이 운 좋게 성공했다면 그 운을 다음 세대, 그다음 세대와 나눠라. 베풂은 또 다른 베풂을 부르는 선물이다.

"스탠리 컵에 키스하는 법 : MVP와 신인 선수를 똑같이 대하라"

나는 당신이 스스로를 분석하고 어떤 일을 좋아하는지 생각해보았으면 한다. 당신은 원하는 일을 무엇이든 할 수 있고, 원하는 어떤 인생이나 경력도 만들 수 있다고 나는 생각한다. 내가 누구인지, 내가 무엇을 원하는지 알면 인생을 사는 게 훨씬 쉬워진다. 천 년도 더 전에 노자가 말했듯 "다른 이를 정복하는 사람은 강하다. 하지만 자신을 정복하는 자가 더 강한 사람이다." 다음 두 가지 질문에 답해보라. 첫째, 실패하지 않는다는 보장이 있다면 무슨 일을 하고 싶은가? 한계는 없다. 하기로 정한 일이 무엇이든 성공하게 된다. 실패의 두려움이 없다면 무슨 일을 하겠는가? 둘째, 인생의 진짜 목적이 무엇인가? 15분 동안 머릿속에 떠오르는 걸 전부 적어보자.

동기부여의 기술

지속적인 성장과 거듭되는 변화의 노하우

제인 박 Jane Park

화장품 회사 **줄렙 뷰티** 창업자 겸 CEO

사업가의 삶을 간접 체험하고도 동기를 얻을 수 있다면

사람들이 내게 가장 많이 하는 질문 가운데 하나는 "사업가이니 항상 행복한가요?"이다. 사업가를 둘러싼 근거 없는 소문이 무성하다. 소위 '자신에게서만 답을 찾는다'거나 '규칙을 정하는 사람', '스스로 결정을 내리는 사람'이라는 식이다. 어쨌든 소문은 꼬리를 문다. 안정적인 월급쟁이 자리를 박차고 나왔다고 하면 대단한 사람처럼 보인다. 그런 선을 넘은 사람은 스스로 실현한 축복 속에서 사는 게 틀림없다고 생각된다. 남녀노소를 불문하고, 이 같은 관점을 가진 사람들이 셀 수 없을 정도로 내게 이런 이야기를 했다. "사장이 되면 틀림없이 정말 좋을 것 같아요! 꿈꿔왔던 것과 똑같나요?" 나도 체면을 지켜야 하는 입장이다 보니 터져 나오는 웃음을 막으려 지금까지 애써왔다. 왜냐하면, 회사를 세워본 사람은 이해하겠지만, 창업이란 열반의 상태라기보다 정신병을 앓는 것에 더 가깝기 때문이다.

내 경험, 그리고 내가 아는 다른 창업자들의 진심 어린 대답을 바탕으로 창업자가 되면 정말 어떤 기분이 드는지 지금부터 적어보겠다.

첫째, (뻔한 소리 같겠지만) 강박을 느낀다. 사업 아이디어에 관해, 그리고 어떻게 하면 그게 더 좋은 아이디어가 될지 하루 24시간, 일주일 내내 생각하는 걸 멈출 수 없다. 샤워할 때, 운동할 때, 요가 수업을 들으며 마음을 비워야 할 때조차 그렇다. 사람들이 "항상 행복하세요?"라는 질문 다음으로 많이 하는 질문은 "안정적인 직장을 그만두고 이렇게 큰 위험을 감수하고 싶어진 건 언제였나요?"이다. 그러면 나는 적어도 내게는 그런 식으로 일이 진행된 게 아니었다고 설명하려 애쓴다. 정말이다. 일은 그리 낭만적으로 일어나지 않는다. 스포츠 기사의 사진이나 동기부여용 그림에 나오는 것처럼 즐겁게 뛰어오르는 일은 없었다. 깡충 뛰는 느낌이라기보다는 그럴듯한 대안이 차츰 사라지는 느낌에 가깝다. 나는 내 앞에 남아 있는 유일한 길에서 한 발을 다른 발 앞으로 내디뎠을 뿐이다. 현명한 창업자들의 글을 읽어보면, 대부분 회사를 시작하는 과정에서 이 일이 해야 할 일이라는 걱정스러운 깨달음을 얻었다고 한다. 앞길에 고난과 심적 고통이 따르리라는 걸 알면서도 말이다.

둘째, 창업의 과정이란 겸손함 속에 끝이 없는 배움을 얻는 일이다. 창업자는 결국 회사 내 모든 부서에 나보다 똑똑한 사람을 고용하게 된다. 그리고 그 자신은 항상 '최소기능제품'의 역할만 하게 된다. 각 부서에 나를 안심시킬 정도의 전문가가 입사할 때까지만 그 자리를 지키기 때문이다. 또, 결국에는 나보다 똑똑한 사람들이 모인 이사회에 회사 상황을 보고해야 한다. 이사회에는 많은 경험이 있고, 회사를 효율적으로 운영하며, 위험 신호를 계속 감시하는 사람들이 가득하다. 마지막으로 자신이 무엇을 원하는지 정확히 아는, 나보다 훨씬 똑똑한 고객을 상대해야 한다. 우리가 할 수 있는 일은 최고의 솔루션을 찾기 위해 이 모든 멋진 사람들과 협력하는 것뿐이다.

셋째, (무엇보다 중요한 것!) 창업 정신은 낙관주의를 필사적으로 지키는 일이다.

사업가로서 내가 가지는 가장 강력한 힘은 내일은 오늘보다 나을 거라는 믿음에서 나왔다. 심지어 나는 이 같은 믿음을 유지하기 위해 노력하고 있다. 내가 줄렙을 창업한 건 편견 없는 아름다움을 위한 공간을 만들고 싶었기 때문이다. 완벽해야 한다는 부담감 없이 아름다움을 자유롭게 탐구하고 공유할 수 있는 그런 곳 말이다. 오늘날 여성의 삶은 기대와 불안 투성이다. 어떤 여성도 화장품 파우치에서까지 편견을 느끼고 싶어 하지 않는다. 나는 여성들이 연대하고 서로 북돋아줄 더 좋은 방법을 제안하고 싶었다. 그리고 여성들이 더 즐겁게 살 방법, 편한 곳을 벗어나 더 많은 위험을 감수할 방법을 만들고 싶었다. 더 좋은 회사, 서로가 서로에게 잘 대하고 더 나은 아이디어를 내는 그런 회사를 만들고 싶었다. 창업 정신이란 더 나은 곳으로 갈 수 있다는 믿음을 말한다. 한 번에 한 걸음씩 말이다.

나는 자유를 원해서 사업을 시작한 게 아니다. 매일 아침 일어나 노래를 부르며 하루를 시작할 수 있으리라는 믿음으로 회사를 세운 게 아니다. "사장님이니까 행복한가요?"라는 질문은 정말 잘못된 것이다. 내 생각에 그보다는 "변화를 만들어내고 있나요?"라는 질문이 적절한 것 같다. 이 질문을 받는다면 나는 진심으로 "노력하고 있어요!"라고 대답할 것이다. 분명 나는 적극적으로 일하고 있고, 사람들과 연결되어 있다. 매일 아침 눈을 뜨면 신이 나는 건 바로 이 때문이다.

스티브 고틀립 Steve Gottlieb
온라인 화상채팅 플랫폼 **신디그** 창업자 겸 CEO

골치 아픈 일들이 산더미라고? 그 안에 기회가 있다!

하버드 대학교 법학전문대학원을 졸업하면서 내가 분명하게 정한 진로는 딱 한 가지였다. 무슨 일이 있어도 변호사만큼은 하지 않겠다는 것이었다. 관례상 그렇듯이 나는 졸업 전 여름 방학 동안 어느 로펌에서 일했다. 로펌에서는 파트너의 삶이 얼마나 멋진지, 높은 급여와 호화로운 식사를 비롯한 각종 인센티브로 채용 대상자들에게 좋은 인상을 주려 노력했지만 출근 첫날 내가 느낀 짜증 나는 상황을 극복하는 데는 별 도움이 되지 않았다. 일할 동기가 되어 줄 큰 그림은 없었고, 여름 동안 일하는 예비 변호사에게 맡겨지는 이런저런 일들은 정말이지 기계적이고, 재미없는 것뿐이었다. 그보다 더 심각했던 건 로펌에서 승진한다 해도 맡겨지는 일이 내게는 그다지 끌리지 않는 종류였다는 점이다. 나는 생산 라인 일부를 맡고 싶지는 않았다. 생산하는 제품이 금속 스탬핑 metal stamping 이든 법률 서류이든 간에 말이다.

안락한 법조계로 절대 돌아가지 않겠다는 다짐으로 나는 머리를 길게 길렀다. 이듬해 봄 기업들이 최종 채용 결정을 위해 대학 캠퍼스를 방문하는 시기가 되었을 때, 나는 외관상 절대 월스트리트에는 취업할 수 없는 꼴이 되어 있었다.

변호사가 될 생각을 버렸더니 고맙게도 사업 계획을 세울 시간이 많이 생겼다. 법학전문대학원에 1년 다닌 뒤 케이블 뉴스 채널 사업을 시작하겠다는 생각으로 학교를 떠났다. 하지만 자금을 지원해 줄 곳을 찾지 못했기에 2학년 여름이 끝날 때 다시 학교로 돌아왔다. 1984년에는 팩스 기술이 막 나온 참이었다. 한 대당 가격이 2만 달러나 했지만, 사무실에 기본적으로 구비해야 할 기기가 되기까지는 여전히 갈 길이 멀었다. 그러니 소비자 가전이 된다는 건 말도 안 되는 소리였다. 이때 페덱스FedEx가 잽메일Zap mail이라는 서비스를 내놓으면서 팩스 사용 대중화에 선구자적 역할을 했다. 나는 저비용으로 이용할 수 있는 잽메일의 경쟁 서비스 계획을 세웠다. 금융계에 집중해 상위 10대 시장에서만 서비스를 제공한다는 내용이었다.

그 외에도 유망한 사업 계획들을 한데 모아서, 중고 실렉트릭Selectric 타자기와 로터스123 버전 1A 소프트웨어를 쓰는 휴렛팩커드 110 컴퓨터의 스프레드시트에 정리해 두었다. 여러 계획 가운데 내가 주목했던 건 한 친구가 내게 들려준 아이디어였다. 그 친구는 고전 TV프로그램 테마곡을 좋아해서 지인들을 위해 피아노로 연주해 주곤 했다. 그리고 그런 경험을 어떤 식으로든 음반으로 남기고 싶다는 생각이 있었는데, 어떻게 해야 할지 방법을 몰랐다. 바로 여기에서 힌트를 얻어 흘러간 TV프로그램 테마곡 모음집을 만들 생각을 했다.

나는 그렇게 몇 가지 사업 계획을 세워 기업가들과 비즈니스 세계에서 성공한 사람들을 만나기 시작했다. 그들로부터 어떻게 인생을 꾸려 가야 할지 조언을 얻고 싶었다. 그중 한 명이 시나리오 작가 앨런 트러스트먼Alan R. Trustman이었다. 그를 만나고 싶었지만, 그에 대해 아는 것이 별로 없었다. 당시는 인터넷이 발명되기 전이었다. 상대에 관한 정보가 거의 없는 상태에서 그를 만난 것이다. 그런데 앨런 트러스트먼은 우리 학교에 다니는 똑똑하지만 좀 독특한 친구인 존 트러스트먼의 아버지였다. 존도 꽤 눈에 띄는 친구였다. 대학에 다니는 동안 낡은 마세라티 자동차를 복원하는 데 많은 시간과 돈을 들였는데 예일대학교 학부생 치고는 평범하지 않은 행보였다! 존의 어린 시절은 별난 이야기들로 가득했던 것 같았다.

존의 매력과 일맥상통하게, 존의 아버지도 엄청나게 부유한 괴짜였다. 앨런 트러스트먼은 할리우드에서 가장 몸값이 비싼 시나리오 작가로, <토마스 크라운 어페어>, <블리트> 외에도 셀 수 없이 많은 명작을 썼다. 소문에 의하면 앨런 트러스트먼은 유명한 오디오 비디오 기기 회사 애드번트Advent의 공동소유주라고 했다. 당시는 스테레오 회사(특히 새로 출시된 방 크기만 한 프로젝션 TV를 만들던 회사들)가 첨단기술 회사로 정의되던 시절이었다.

그 날 점심은 진지한 대화를 나누는 자리였다. '내가 원하는 건 무엇일까? 앨런 씨가 나를 어떻게 도와줄 수 있을까?' 순진한 사람이 일을 시작할 때 대개 그렇듯 나 또한 성숙한 사업가들이 '무엇을 하며 살아야 하나요?' 같은 거대한 질문의 답을 찾는 걸 도와주는 데 관심이 있으리라 여겼다. 나는 앨런 씨에게 조언이 필요하다고 하면서, 그가 성공한 기업가라는 걸 알고 있으니 내가 가진 사업 계획 가운데 어느 것이 가장 유망해 보이는지 알려달라고 했다.

그러고는 TV프로그램 테마곡 모음집에 관해 홍보했다. 사람들은 TV테마곡을 좋아한다. 히트한 노래도 많고, 곡도 정말 좋다. 나는 어릴 때 부모님의 일을 돕곤 했는데, 우리 가족 사업의 첫 제품은 상업용 팝아트 복제품이었다. 식품회사 치키타Chiquita의 바나나 그림을 확대한 사진이나 캠벨Campbell 수프 캔 모양의 쓰레기통 같은 것들이었다. 이런 제품들이 70년대 초반에 인기를 끌며 유행했다. 그 같은 경험을 바탕으로, 내 본능은 말하고 있었다. 대중문화의 기준이 되었다가 이제는 잊혀진, 익숙한 것들에 대한 거부할 수 없는 애정이 내 핏속에 흐르고 있다고. 그리고 사랑받았던 TV 프로그램 주제곡을 모음집으로 만들면 마찬가지로 큰 인기를 얻을 것 같다고.

물론 그런 시도가 전혀 없었던 것은 아니다. 과거 유행했던 문화에 관한 퀴즈쇼 <트리비얼 퍼슈트Trivial Puruit>가 큰 인기를 얻고 있긴 했으나, 1984년에는 아직 TV 문화를 재발견 및 재평가하려는 시도가 아주 초기 단계였고, 이제 막 그런 흐름이 나타나려 하는 때였다.

앨런 씨는 처음에 당황스러워하며 말했다. "그런 건 이미 있는 게 아닐까?"

"음, 그렇죠." 내가 설명했다. "그런데 지금 있는 건 그저 기념품 같은 거예요. 광팬fanatics들을 위해 발매하거나 어느 스튜디오나 레코드 회사가 자기들이 가진 몇 개 안 되는 테마곡 저작권을 활용해 돈 벌 기회 삼아 내는 거죠. 그래서 어느 스튜디오가 관심을 가진 프로그램의 테마곡을 가져오거나 아니면 어느 레코드 회사에서 여러 테마곡을 작곡하거나 부른 작곡가 혹은 가수를 대표하는 노래를 고르는 식으로 다소 임의적으로 앨범을 편집해요. TV테마곡 자체를 하나의 장르로 보고 전체를 아우르는 앨범을 낸 사람은 아무도 없었어요. 게다가 짧은 오리지널 테마곡을 그 자체로 대중문화라는 식으로 접근한 사람은 전무했죠. 대중가요라면 30~60초가 아니라 3~5분 정도 길이는 돼야 한다고 생각하니까요. 그래서 오리지널 TV테마곡은 별도의 번듯한 곡으로 여겨지지 못했어요. 하나의 곡으로 여겨지려면 5분짜리는 돼야 하는 거죠. 제 아이디어는 오리지널인 짧은 곡들을 모아서 음반을 내는 겁니다."

"그래서 어떻게 사업을 시작할 텐가?"

"각 곡의 작곡가, 그리고 곡 출시 업체로부터 저작권 이용 허가를 받아야 합니다. 곡 저작권의 일부를 소유하고 있을지 모르니까요. 이뿐 아니라 곡의 원래 프로덕션 회사를 찾아 권리확인을 해야 합니다. 저작권과는 다른 권리인 프로그램 주제곡에 대한 우선권을 가졌을 가능성이 크니까요. 아마 수백 개의 회사가 될 겁니다. 그리고 곡에 대한 권리도 지난 세월 여러 번 손 바꿈을 했을 겁니다. 모든 회사가 다 사업에 성공을 거둔 건 아니니 인수, 합병, 심지어 파산해 사라진 곳도 있겠죠. 이런 회사들을 다 추적해야 할 뿐 아니라 그리고 나서 이 거래를 하는 것이 이득이 될 거라 그들을 설득해야 합니다. 꼭 집어 말하자면 각 테마곡은 길이가 너무 짧고, 이런 프로젝트를 진행하려면 수백 명의 곡 권리 소유자가 있을 테니까요. 각 회사의 지분은 아주 적을 테지만, 그들에게 선수금을 지급해야 합니다. 약간의 성공을 거둔다 해도 수십 년 동안 손도 대지 않았던 서류 더미를 파헤치는 데 필요한 법률이나 행정 비용이 많이 들면 그걸 대기도 벅찰지 모릅니다."

앨런 씨는 나를 보며 미소를 짓더니 곧 미간을 찌푸렸다. 잠깐의 시간에 내가 그의 마음을 얻은 것 같았다. "좋은 아이디어일세. 그런데 골칫거리군. 다른 건 또 어떤 게 있나?"

그게 다였다. 우리는 다른 사업 프로젝트로 대화의 주제를 바꿨다. 그런데 앨런 씨가 했던 말이 그 후 몇 년 동안이나 내 마음에 와 닿았고, 중요한 결정을 내려야 하는 많은 순간에 다시 떠올랐다. 그리고 나를 앞으로 나아가게 했던 건 바로 그 '골칫거리'라는 말이었다.

스물일곱의 나이에 나는 세상에 무엇을 내놓아야 했을까? 내게 돈을 내는 사람들을 정당화해 줄 나만의 특별한 '부가가치'는 무엇이었을까? 어느 사업 프로젝트를 봤더니 의도와 목적 모두 잠재력이 훌륭한 것 같다. 그런데 그 프로젝트를 실행하려면 산더미 같은 문제를 먼저 해결해야 한다는 게 하나의 단점이라면? 그 문제들과 마주하려는 사람에게는 상당한 골칫거리가 될 것이다.

하지만 내게는 골칫거리라는 한 마디가 사업 기회라는 소리로 들렸다. 창조 행위라는 게 사실 그렇다. 작품을 만들겠다는 의지인 것이다. 얼마가 되었든 노력과 에너지를 쏟는다. 좋은 아이디어라고 인정받는 일이지만, 지금까지 아무도 그 일을 해내려는 사람이 없었던 건 지저분한 일이거나 시간이 오래 걸리는 일이거나 아니면 어려운 일이라는 게 주된 이유다. 극복할 수 없는 건 아니지만, 고통이 따른다. 그리고 이런 종류의 고통이 생기면 새로운 걸 만들겠다는 간절함이 없거나 열정이 충분하지 않거나, 혹은 그 정도의 노력을 기울일 가치를 못 느끼는 일반 사람들은 포기하고 만다.

'누구도 하고 싶어 하지 않는 골치 아픈 일을 기꺼이 맡는다.' 이것은 내가 사업할 때 읊는 주문이 되었다. <TV프로그램 히트곡 모음집>이 하나의 대중문화 현상으로 꽃을 피운 이후, 나는 이런 생각을 바탕으로 많은 결정을 내렸다. 독립 레코드 회사는 왜 하나같이 대형 레이블과 유통 계약을 맺을까? 소매업체에 직접 유통하면 안 될까? 그런 관계를 맺는 편이 음반이 소매 시장에서 성공하는 데 분명 중요하지 않을까? 하지만 그러려면 음반 회사가 소매 시장과 장기 마케팅에 초점을 둬야 하므로, 골치 아픈 일이었다. 그래서 TVT레코드는 독자적인 유통 시스템과 이를 보완하는 독창적인 시장 접근법을 가진 특이한 회사가 되었다. 풀뿌리 마케팅으로 큰 인기를 얻은 아티스트의 음반을 특별히 조직한 길거리 팀과 함께 묶어 수천 개의 소매 유통 채널을 통해 판매하는 이유가 무엇일까? 라디오 방송 차트 히트곡 40에 영향을 줄 수 있는 힘 있는 브로커인 대형 레이블 몇 군데를 이용하는 게 훨씬 쉬워 보이는데 말이다. 소매 유통 채널을 공략하는 건 골치 아플 것 같다. 하지만 결과적으로 골칫거리는 떠안을 가치가 있었다. 이런 유통 방식 덕분에 TVT는 풀뿌리 마케팅의 전문성을 길러 나인 인치 네일스Nine Inch Nails부터 핏불Pitbull까지, 많은 가수들로 성공을 거두었다.

그리고 그로부터 많은 시간이 흐른 지금, 나는 벤처기업 신디그Shindig를 새로 세워 대형 화상 채팅 이벤트를 이용해 완전히 새로운 온라인상의 사회적 경험을 만들려 애쓰고 있다. 우리는 사실상 화상 채팅 서비스를 제공하는 구글, 스카이프, 애플 및 기타 기술 대기업들과 경쟁하는 중이다. 1964년 세계 박람회에 '픽처폰Picturephone'이라는 이름으로 화상 채팅이 처음 시도된 이후 정말 한 번도 재해석되지 않은 방식으로 화상 채팅 경험을 혁신하려 노력 중이다. 제품을 기초부터 개발하겠다는 의지이며, 다른 사람들은 보통 피하려 하는, 노력이 필요한 골칫거리를 짊어지겠다는 뜻이다.

이상의 사례가 '이미 누구나 알고 있던 사업 기회를 어떻게 나는 운 좋게 시작할 수 있었나'에 관한 답이다.

'어떤 장애물 때문에 다른 사람들이 이 기회를 놓치는 걸까?' 새로운 사업에 노력을 기울이기 전에 이 질문에 관한 만족스러운 대답부터 얻어야 했다. 좋은 아이디어인지 나쁜 아이디어인지를 가르는 기준은 골칫거리의 여부가 핵심이었다.

장애물을 해결하는 비용이 너무 많이 들어서 사업을 정당화할 수 없을 정도라거나 다른 어떤 이유로 해결할 수 없는 경우에는 나쁜 아이디어로 분류한다. 아무리 자금 여력이 있고, 전망이 좋아 보여도 마찬가지이다. 반면 사업화되지 못한 주된 이유가 누구도 어려움을 선뜻 해결하려 들지 않아서였던 경우, 일이 너무 많다나 너무 복잡하거나 상황이 엉망진창이라서인 경우, 그것은 기회가 잠재된 좋은 아이디어로 분류한다. 다른 사람들이 편협한 시각으로 선택하지 않았던 그런 일들이 좋은 아이디어이며, 좋은 사업이 될 잠재성이 있다. 가치를 더해야 할 정당한 이유가 있으며, 사업을 오래 지속할 수 있다.

골칫거리를 맡는다는 선택은 스트레스받지 않고 쉽게 내릴 수 있는 결정은 아니었다. 하지만 덕분에 나는 재미있는 경력을 쌓을 수 있었다. 여러분의 선택에 나의 경험과 조언이 도움이 되기를 바란다.

옌스 몰박 Jens Mollbak

동전 교환 기계 회사 **코인스타** 창업자 겸 CEO

선한 영향력과 성공적인 경력의 분명한 상관관계

스타트업을 세울 아이디어는 어디서 나올까? 옷장 맨 위에 두었던 유리병에 가득 담긴 동전을 보고 사업 아이디어가 떠올랐을 때, 이 이야기를 들은 다른 사람들 만큼이나 나도 놀랐다. 내 나이 스물여섯 살에 코인스타를 창업한 이래로 코인스타 기계를 통해 1조 개가 넘는 동전이 재활용되었다. 금액으로는 4백억 달러약 45조 원에 이르며, 이 가운데 8천만 달러약 9백억 원는 자선단체에 기부되었다.

나는 여러 대학에서, 또 창업을 열망하는 예비 기업가를 상대로 강연을 많이 했는데, 그럴 때마다 다음 두 가지 질문을 자주 받았다.

"동전을 세는 스타트업을 만들겠다는 아이디어는 어디서 얻었나요?"

"어떻게 하면 혁신적인 창업 아이디어를 얻을 수 있을까요?"

우선 두 번째 질문에 먼저 답하고, 다음으로 첫 번째 질문에 관해 이야기하고 싶다.

스타트업을 세워 대단한 회사로 성장할 수 있는 멋진 아이디어를 얻고 싶은가? 공공 부문을 살펴보라. 바로 그렇다, 정부 부문을 살펴야 한다. 새로운 스타트업은 시장에 비효율성이 있는 곳에서 성공할 수 있다고 믿는다. 그리고 정부 부문에 많은 기회가 있다. 연방 정부나 주 정부 조직을 어디든 골라 더 나은 서비스를 제공하는 데 민간 부문에서 도울 일이 없을지 물어보라. 조사도 하고, 브레인스토밍도 하고, 무엇이 떠올랐는지 보라.

이는 실제로 코인스타를 창업할 때 내가 했던 일의 일부이다. 많은 대학 동창처럼 나 자신과 미래의 가족을 위해 성공적인 경력을 쌓고 싶었고, 사회에 이바지하는 좋은 일을 하고 싶었다. 많은 친구가 처음에는 민간 부문에서 시작했다가 경력이 쌓이면 비영리단체나 정부 부문으로 옮길 계획을 그렸다. 하지만 나는 세 부문에 동시에 영향을 주는 사람이 되고 싶었다. 문제는 그렇게 할 만한 일자리를 구할 수 없었다는 것이고, 그래서 직접 회사를 세우기로 했다. 회사가 잘 되면 나처럼 직업적으로도 성공하고, 사회에 좋은 일도 하고 싶은 친구들을 채용할 수 있을 터였다. 두루두루 원원으로 이어지는 상황이었다.

그런데 그런 회사는 어떤 회사일까? 유리병 이야기로 돌아가 보자. 어릴 때는 동전을 모아서 은행에 가면 돈을 세어 주었다. 하지만 은행은 그런 서비스를 중단했고, 종이 포장지만 잔뜩 나눠준 뒤 직접 세어오라고 했다. 나는 게으른 사람이었기 때문에 동전을 세어주는 기계가 있으면 좋겠다고 생각했다. 미국 화폐주조국U.S. Mint과 소비자를 대상으로 조사해보니 미국에는 유리병에 모여 있는 돈이 80억 달러나 되었고, 소비자의 손을 거치는 동전의 액수는 연간 1,500억 달러에 달했다. 창업할 수 있을 만큼 충분히 큰 민간 시장이었다. 또한, 나는 코인스타 사업이 잘되면 전국 동전 재활용 프로그램이 되리라는 것을 알았다. 그러면 화폐주조국에서는 불필요하게 동전을 만들지 않아도 되고, 예산을 낭비하지 않아도 될 것이다. 그렇게 공공 부문에서 아낄 수 있는 금액은 연간 약 2억 달러약 2,200억 원에 달할 것으로 추정했다.

동전과 자선단체에 관한 긴 역사도 조사했다. 마치 오브 다임스March of Dimes, 구세군Salvation Army의 빨간 냄비, 유니세프UNICEF의 주황색 핼러윈 상자 같은 것들이다. 그래서 동전을 현금화해서 가져갈 것인지 아니면 자선단체에 기부할 것인지, 소비자에게 선택권을 주기로 했다.

동전을 모아두던 유리병 덕에 나는 민간 부문에서 성공하는 동시에 공공 부문과 비영리 단체에도 도움을 주는 회사를 세울 수 있었다. 성공적인 경력을 쌓는 동시에 선행을 베푼 첫 기회였다.

나는 이런 기회가 수백 개는 더 있다고 믿는다. 나가서 그런 기회를 잡아라. 그러다 내 도움이 필요하면 알려달라!

DOING WELL AND DOING GOOD

"잘되고 싶다면 좋은 일을 해라"

스티브 톰린Steve Tomlink

피트니스 프로그램 운영회사 **빌트린** 창업자 겸 CEO

창업의 동기와 아이디어, 답은 당신 안에 있다

예일대학교 졸업반 시절 나는 친구들을 따라 금융업계에 취업하기로 마음먹었다. 재무 분석과 회계 경험을 좀 쌓고 나서 2년 안에 회사를 떠나 사업을 시작할 수 있으리라 생각했다.

재무팀에 속해 컴퓨터 앞에 앉아 열정 없이 일하며 5년을 보내고 나자 드디어 퇴사할 결심이 섰다. 지금까지 살면서 가장 잘한 선택이었다. 회사원 생활이 주는 안정감은 아주 강해서 회사 밖의 삶을 생각하기란 매우 어렵다. 게다가 사업을 시작하려 회사를 관둔다는 건 경제적인 자살 행위처럼 느껴진다. 그래서 퇴사가 한층 더 어려워진다.

나는 당신이 스스로를 분석하고 어떤 일을 좋아하는지 생각해보았으면 한다. 당신은 원하는 일을 무엇이든 할 수 있고, 원하는 어떤 인생이나 경력도 만들 수 있다. 내가 누구인지, 내가 무엇을 원하는지 알면 인생을 사는 것이 훨씬 쉬워진다. 천 년도 더 전에 노자가 말했듯 "다른 이를 정복하는 사람은 강하다. 하지만 자신을 정복하는 자가 더 강한 사람이다."

다음 두 가지 질문에 답해보라.

첫째, 실패하지 않는다는 보장이 있다면 무슨 일을 하고 싶은가? 한계는 없다. 하기로 정한 일이 무엇이든 성공하게 된다. 실패의 두려움이 없다면 무슨 일을 하겠는가?

둘째, 인생의 진짜 목적이 무엇인가? 15분 동안 머릿속에 떠오르는 걸 전부 적어보자.

이 두 질문에 답하면서 내 인생은 변했다. 얼마 지나지 않아 나는 바쁜 사람들이 짧은 시간 안에 귀찮지 않게 건강을 지킬 방법을 알려주는 회사를 세웠다. 대단한 사업 아이디어가 있는 건 아니었지만, 앞으로 남은 생에 내가 추구할 수 있는 목적이라는 건 알았다. 회사에 다니다 창업을 하기까지, 그 과정은 쉽지 않았다. 그러나 대단히 가치 있는 일이었다. 다른 사람을 돕는 일에 열정을 쏟으면 당신을 진정 행복하게 해 줄 무언가를 발견하게 될 것으로 믿는다.

사람들에게 창업하지 않는 이유를 물어보면, 가장 흔한 이유로 꼽는 것이 사업 아이디어가 없다는 것이다. 그렇다면 적극적으로 나서라. 목표를 세워라. 인생의 목표는 무엇인가? 그리고 나서 매일 마주하는 문제점을 전부 떠올려보라.

사업 아이디어를 떠올리는 건 수동적인 작업이 아니라 매우 능동적으로 노력을 기울여야 하는 일이다. 사업 아이디어가 없어서 창업하지 못하는 거라면 매일 아이디어를 몇 개씩 내보라. 해야 할 일이 무엇인지, 목표에 관해 더 알기 위해 노력할수록 그 과정에서 좋은 아이디어가 떠오를 가능성이 크다. 예를 들어, 나는 바쁜 사람들이 짧은 시간 안에 간편한 방식으로 몸매 관리하는 걸 돕고 싶었다. 이를 인지하고 난 후부터는 목표를 향해 나아가기 시작했다. 그렇게 출발한 결과 지금은 100개 이상 나라에 고객이 존재하며, 나만의 유튜브 채널을 운영하는 피트니스 코치이자 트레이너가 되었다. 재무팀에서 일할 때는 이렇게 되리라곤 상상조차 하지 못했다!

나는 당신이 용기를 내 다른 식으로 생각하고, 열정을 따르며, 다른 사람을 돕는 일에 열정을 쏟으며 매우 열심히 일하기를 바란다. 이게 바로 대부분 행복과 성공의 열쇠라고 생각한다.

셸던 길버트*Sheldon Gilbert*

표적 마케팅과 머천다이징을 위한 플랫폼 **프로클리비티 미디어** 창업자 겸 CEO

거대한 희망보다 한 가닥의 실용주의가 낫다

정말 많은 사람이 그저 기업가가 되기만 하면 몇 년 남짓 만에 천문학적 재산을 모아 즉각 유명인사가 될 수 있으리라는 피상적인 상업주의에 젖어 이 길로 들어선다. 기업가가 되려는 사람이라면 두 가지 이유에서 이런 생각은 바로잡아야만 한다. 첫째, 그렇게 단기간에 천문학적 부를 쌓아 유명해지는 사람은 극소수에 불과하고, 그마저도 비즈니스 모델의 성공이라기보다는 시장의 일시적인 과장에 의한 경우가 많다. 둘째, 이런 생각을 하는 건 진짜 성공을 거두는 데 필요한 '배짱'을 기르지 못하는, 시시한 동기에 불과하다.

선지자는 보통 다른 사람이 외견상 해결하기 어려워 보이는 장애물에 막혀 있을 때 해결책을 찾는 사람이다. 그리고 기업가는 집어삼킬 듯한 의심과 냉소에 굴하지 않고 비전을 실행할 수 있을 정도로 일에 미친, 매우 열정적인 사람이다. 일반적으로 기업가를 성공하게 만드는 건 자기도취나 나만 옳다는 생각이 아니라 근본적인 문제에 더욱 명쾌하고, 효율적이며, 생산적인 해결책이 있을 거라는 믿음이다. 기업가로 성공하려면 다른 사람을 위해 더 나은 해결책을 찾겠다는 단 하나의 목표에 구제 불능일 정도로 매달려야 한다. 그렇지 않으면 회사를 세울 때 자연히 발생하는 온갖 우여곡절을 견뎌내고 살아남기 어려울 것이다. 내 자본은 부족한데, 시장에 이미 진출해 있는 업체들은 자금력이 탄탄하다. 경쟁사는 새로 나타나고, 개인적인 시련이 따르며, 제품 출시는 늦어지고, 제품에서 결함이 발견된다. 고객은 몹시 짜증을 내며, 잠은 부족하고, 직원들은 야근을 이어가고 있고, 여덟 시간 전 영업 회의에 들어가기에 앞서 사놓고 먹는 걸 잊어버린 토마토 수프는 이제 차가워졌다.

이런 어려움을 모두 고려하여 내가 줄 수 있는 조언은 한 가지이다. 나도 처음 창업했을 때 이 조언의 도움을 크게 받았고, 덕분에 여러 성공을 거두는 동안 감사할 수 있었다. 또, 여러 번 실패와 실수를 저질렀을 때 거기에서 빠져나올 길을 찾을 수 있었다. 그 조언이란 바로 "시장의 진짜 문제를 해결하고 있는 건지 확인해보라."는 것이다.

업계의 가치사슬value chain을 알고, 그 가치사슬 안에 우리 회사가 어디에 있는지 파악하는 건 반드시 해야 할 일이다. 이런 생각을 해본 적이 없거나, 어떤 업체를 대체하려는지 혹은 대체할 수 있을지 없을지 모른다면, 아니면 아예 완전히 새로운 가치사슬을 만들어내려는 거라면(그러려면 표적 시장의 행동에 변화가 필요하다.), 지금 당장 멈춰 북극성의 방향을 찾아야 한다. 북극성을 찾으면 누구를 채용해야 할지, 어느 도시에 점포를 개설해야 할지, 어느 투자자를 선택해야 할지, 자본을 조달할 때 어떤 조건을 정해야 할지, 수익 모델은 무엇일지, 운영 모델은 무엇일지, 잠재적인 파트너와 진정한 경쟁사의 인식을 어떻게 정할지, 이들의 도전에 따른 어려움을 어떻게 해결할지, 향후 출구 전략은 어떻게 가져갈지 등 거의 모든 결정을 내리는 데 도움이 될 것이다.

'제품을 먼저 만들면 시장은 따라온다'는 생각이나 '선점자의 우위first mover advantage' 같은 개념은 위험한 전략일 수 있다. 시장 진입이나 창업 비용이 상당히 줄어들었기 때문이다. 인터넷이나 소프트웨어 기술 부문은 특히 더 그렇다. 10년 전과 비교하면 정보 저장과 처리 비용이 몇 분의 일이 된 데 비해 초기 단계 스타트업에 대한 자본 투자는 그 어느 때보다 많이 이루어지고 있다. 해결 중인 문제의 근본에 무엇이 있는지 이해하면 훨씬 더 좋은 제품을 만들게 되고(모든 문제가 짧은 시간 동안의 급격한 변화로 인해 발생하는 것은 아니다.), 빠르게 제품을 개발해 제품이 지닌 장점과 한계점을 제대로 이해하는 초기 베타beta 고객들을 대상으로 시장 반응을 살피는 데 한정된 자본을 활용할 수 있으며, 신속하게 제품을 수정해 시장의 니즈에 꼭 맞게 조정할 능력을 갖추게 된다.

북극성을 찾지 못한 기업은 결국 변화의 희생양이 되어, 핵심 사업을 끊임없이 바꾸다가 결국 폐업에 이른다. 반면, 해결 중인 문제의 근본 원인이 무엇인지 분명하게 이해하는 기업은 변화의 대리인이 되어 사업을 진행하면서 제품을 수정하고, 다듬으면서 최적의 해결책에 가까이 다가선다.

과장으로 가득 찬 세상 속에서 이를 한 가닥의 실용주의라고 생각하라. 자신이 진짜 문제를 해결하고 있는지 확인하고, 나 혼자만 이를 문제라고 여기는 건 아님을 알아두라.

신이 당신과 함께하기를.

톰 레먼Tom Lehman, 일란 제코리Ilan Zechory
디지털 미디어 회사 **지니어스** 창업자

좋아하는 사람과 좋아하는 일을 하라

지난 6년 동안 지니어스는 친구들끼리 재미로 시작한 작은 프로젝트에서 세상에 주석을 단다는 공동 임무를 가진 3천만 명 이상의 온라인 학자들이 모인 글로벌 커뮤니티로 발전했다. 그런 엄청난 변화를 경험하는 건 말도 안 되는 일이었다. 지니어스는 랩 가사를 해독하는 사이트로 시작해 이제는 문학 작품과 영화 대본, 법률 문서, 역사적 연설 등등을 분석하는 플랫폼이 되었다.

우리의 목표(그리고 우리가 성공할 수 있었던 비결 가운데 하나)는 스스로 기업가라고 여기지 않는 것이었다. 그보다는 정말 열심히 예술 프로젝트를 함께하는 친구들이라고 생각했다. 우리는 랩 음악의 골수팬이었기 때문에, 랩 음악을 중심으로 커뮤니티를 형성했다. 처음에는 회사를 세우려는 생각은 없었다. 다만 이미 좋아하던 일(힙합, 예술, 지적인 호기심을 가진 사람들과 지식을 공유하는 것)에 열정을 쏟으려는 프로젝트였다. 이렇게 모인 커뮤니티의 관심사가 확대되면서 그에 맞춰 프로젝트의 대상도 더 다양해졌다.

가장 큰 성공을 거두는 벤처 회사는 돈을 많이 벌려는 생각으로 시작한 회사가 아니라, 회사를 세운 사람이 열정을 품고 있는 일과 관련하여 이렇게 말하는 회사이다. "어떻게 하면 내가 좋아하는 일을 좋아하는 사람과 같이 할 수 있을까? 어떻게 진짜 커뮤니티를 만들어 다른 사람들과 함께 마음을 다해 참여할 수 있을까?"

"무언가를 이루기 위해선 지저분한 야망도 약간 섞는 수밖에 없다"

산딥 아야판Sandeep Ayyappan

기업용 뉴스 플립보드 서비스 회사 **델브** 창업자 겸 CEO

문제와 사랑에 빠져라

당신은 이것 때문에 꼼짝달싹할 수 없다. 좌절감이 너무 커서 목표가 무엇이든 내던지게 되고, 해결책을 찾을 수 있으리라는 생각도 접는다. 사태가 더 심각해지면 근본 원인을 고치기 위해 스스로 문제 있는 방법을 내세우고 마는 고통의 시간을 지나게 된다. 우리는 살면서 종종 이런 상황을 마주한다. 대부분 사람은 그저 화가 나서 한숨을 쉬다가 하늘을 쳐다보다가 하며 이런 순간을 지나 보내지만, 성공하는 사업가는 바로 이런 순간에 창의성을 발휘하곤 한다.

문제점은 어디에나 있다. 정말 심각한 문제는 쉽게 풀 수 없고, 해결책도 분명하지 않다. 스타트업 세계에서는 누구나 해결책에 관해 이야기하는 걸 좋아하지만 (회사 이야기, 스타트업 이야기, 프로세스 이야기, 자본금을 모으는 이야기, 팀을 구성하는 이야기 등) 그에 앞서 무슨 일이 있었는지부터, 즉 문제점이 무엇이었는지부터 자세히 살펴봐야 한다. 이를 위해서는 가장 선명한 문제점 한두 가지를 포착하는 것이 가장 좋다.

예를 들어보자. 다른 사람과 의사소통을 하는 건 계속되는 어려움이다. 골칫거리는 많다. 다른 사람이 어디에 있는지 모르거나 어떻게 연락해야 하는지, 언제 연락해야 하는지, 심지어는 누구에게 연락해야 하는지 모를 수 있다. 상대방은 당신이 전하려는 메시지에 관심이 있을 수도, 없을 수도 있다. 당신의 메시지가 상대에게 닿지 않을 수도 있다. 우리는 이런 문제를 해결하기 위해 많은 아이디어를 냈다. 아주 오래전에는 메시지를 보낼 수 없는 게 문제였지만, 이제는 매일 받는 이메일의 양이 너무 많아서 압도될 지경이다. (종이와 펜, 전신과 전화, 이메일을 비교해보라. 최신 의사소통 도구는 너무 효율적이라 문제점도 진화했다.)

또 다른 예를 들어보자. 세상에서 가장 빠르고 힘센 사람도 원하는 만큼 빨리 이동할 수 없다. 바퀴가 발명된 이래 우리는 사람과 물건이 이동할 수 있는 도구를 만들기 위해 열심히 노력했다. 점점 더 강력한 이동 도구가 등장했고(기차, 자동차, 비행기) 사회는 점점 확산되면서 동시에 상호 연결되었다.

이런 예를 보면 몇 가지 패턴이 눈에 띈다. 첫째, 가장 심각한 문제는 특정 집단에 국한되지 않는다. 즉, 인류 전체가 겪는 문제이다. 갑자기 텔레파시 능력이 생기기 않는 이상 우리는 언제나 서로 간의 의사소통 방법을 개선하려고 노력할 것이다. 이메일이 등장해 느릿느릿한 우편보다 메시지 전송이 간단해졌고, 전화가 등장해 소식을 전하던 심부름꾼이 필요하지 않게 되었다. 그렇지만 우리는 요즘도 여전히 메시지가 원하는 수령자에게 도착하지 않는 경우를 많이 겪는다. 전달 수단이 바위든 종이든 킬로바이트든, 아이디어가 원하는 곳으로 정확하면서도 효과적으로 이동하려면 여전히 이뤄져야 할 일이 많다.

두 번째로 눈에 띄는 패턴은 시간이 흐르면서 문제의 성격도 크게 달라진다는 점이다. 1960년대에 비행기를 탔다면 운행 중인 다른 비행기를 보는 일은 없었을 것이다. 하지만 오늘날에는 붐비는 동북 방향 노선의 경우 항공 교통 문제를 완화하기 위해 대서양 바깥쪽으로 비행한다. 하늘 길이 붐비다니, 수십 년 전 사람들은 아마 상상조차 할 수 없는 일이었겠지만 지금은 비행기가 단지 다른 비행기를 피하려고 공항 주변을 빙빙 돌거나 크게 방향을 바꾸는 등의 비행을 하면서 엄청난 양의 연료와 승객들의 시간을 낭비하고 있다. 한편, 우리는 자동차 산업의 동력 자체가 근본적으로 변화 중인 시대에 살고 있다. 앞으로 20년 뒤 우리 아이들이 어른이 되었을 때 내연 자동차는 박물관에서나 보게 될 가능성이 매우 크다. 이건 어떤 문제를 가져올까? 수백만 자동차를 충전하는 데 필요한 추가적인 전기를 어떻게 생산할 것인가? 엄청난 크기의 배터리는 어떻게 재활용할 것인가? 이런 문제 가운데 몇몇은 진짜 심각해져 우리 아이들이 이를 해결하는 일로 경력을 채울 수도 있다.

이제 나의 경험을 풀어보겠다.

2010년 4월 따뜻한 봄날 밤, 나는 텍사스주 애빌린에 있는 어느 집 앞 베란다의 나무 탁자에 앉아 있었다. 에너지 산업을 조사하기 위한 자동차 여행을 막 시작한 참으로 내 옆에는 석유 관련 일을 하는 세 사람이 있었다. 한 명은 랜드맨석유, 가스가 매장된 땅 소유자와 개발회사를 연결하는 중개인, 한 명은 해저 유전 굴착 장비 기사, 그리고 나머지 한 명은 몇 곳의 시추지 소유자였다. 우리는 맥주를 마시며 이야기를 나눴다. 내 녹음기에는 울타리를 잘못 알고 지나다 총에 맞은 이야기, 절대 석유가 나지 않았던 유전에 돈을 쏟아부은 이야기 등이 담기고 있었다. 그러다 마침내 대화는 진지해져 석유 시추 산업에서 규제의 역할에 관한 이야기가 나왔다. 나는 그들이 지켜야 하는 규제에 관해 계속해서 들었다. 환경 보고서를 내야 하고, 안전 예방조치를 취해야 하며, 시추지 주변 지역을 청소하는 방법과 물을 버리는 방법은 정해진 프로세스대로 진행해야 한다. 나는 이런 규제가 생긴 이유와 프로세스를 제대로 따르지 않는 걸 방지하기 위해 요즘은 어떻게 하는지, 그리고 유전 시설이 폭발할 가능성은 얼마나 되는지 물었다. 그리고 "그런 폭발은 불가능해."라는 답을 들었다.

그 후 일주일이 채 지나지 않아 딥워터 호라이즌 영국의 석유회사 BP의 원유 생산시설이 폭발해 가라앉으면서 멕시코만의 마콘도 Macondo 유전에서 기름이 솟구쳤다.

역사상 지금처럼 인류가 많은 정보를 가진 적은 없었다. 기술의 발전으로 정보의 양과 정보에 접근하는 속도가 극적으로 달라졌다. 과거 그 어느 때보다 더 많은 조사를 통한 데이터를 바탕으로 의사 결정을 내린다. 눈을 감고 감에 의존해 방향을 찍는 식으로 직관에 기초해 의사 결정을 내리는 방식은 점점 줄었고, 그렇게 내린 결정은 잘못되었다는 게 반복적으로 증명되었다. 그렇기는 하지만 특정 주제에 관해 누구보다 많이 알고 철저히 준비한 사람도 옳은 결정을 내리지 못할 때가 많다.

그래서 완벽한 일이란 결코 있을 수 없다. 대부분 상황에서는 완벽한 결정이 무엇인지 정의하는 일조차 매우 어렵다. (그리고 보통은 불가능하다.) 하지만 우리는 가능한 최고의 정보를 모음으로써, 그 정보를 지식으로 보유하는 데 도움이 될 도구를 만듦으로써, 그리고 궁극적으로 더욱 현명한 개인, 리더, 사회가 됨으로써 완벽에 가까워지기 위해 노력할 수 있다.

그러려면 우리는 훨씬 더 많은 원자료 raw data를 만들어야 하고, 그 자료를 사용 가능한 상태로 만들기 위해 말도 안 될 정도의 연산 처리 능력이 필요하다. 그러고 나서는 추출한 자료 안에서 패턴을 찾아 가치 있는 결론을 도출하는 데 연구진을 투입해야 한다. 이렇게 얻은 정보는 전부 검색이 가능하고 쉽게 토론할 수 있게끔 만들어야 하며 나아가 이 정보를 학교에, 기업에, 정부에, 사회(언론인, 교수, 교사, 블로거 등)에 설명할 똑똑한 전달자가 많아야 한다. 그 정보를 전부 흡수하여 올바른 길을 선택하는 데 도움이 되도록 하는 것이 나머지 우리들의 몫이다.

이는 인류가 겪는 근본적인 어려움이며, 각 단계에는 엄청난 비효율성이 따른다. 예일대학교 사회학과 4학년이었을 때 나는 졸업 논문을 준비하려고 뉴헤이븐 근처 고등학생들을 연구 대상으로 삼았다. 몇 군데 고등학교에 가서 설문조사를 하고, 고등학교에 입학했을 때와 졸업반이 된 후 직업적인 야망이 어떻게 달라졌는지 자료를 수집했다. 조사를 통해 얻은 결과는 놀라운 건 아니었지만, 내게는 깊은 영향을 주었다. 내가 조사한 고등학생들은 막 입학했을 때는 다들 엇비슷했다. 그러나 사회에 진출한 사람들을 더 많이 만나고, 멘토의 조언을 받고, 앞으로의 경력에 관해 더 많은 정보를 들은 결과 졸업반이 되었을 무렵에는 직업적 야망이 줄어드는 경우가 훨씬 많았다.

지식은 우리의 힘이다. 지금까지 우리는 좋은 정보를 파악해 서로 나누고 지식을 쌓는 데 큰 진전을 이루었다. 어디서나 위키피디아에 자유롭게 접속할 수 있을 뿐 아니라 구글에서 끝없이 정보를 검색할 수 있고, 애플리케이션으로 즉각 바깥 날씨 변화를 확인한다. 이처럼 기술의 발전으로 엄청나게 많은 문제를 해결했지만, 여전히 자료가 부족하거나 거의 없는 상황이 많이 발생한다. 좋은 정보와 나쁜 정보를 구별할 수 없는 경우는 더 많다. 또한, 문제의 답을 아는 사람이 있어도 그 답을 사용했어야 할 사람에게 전달할 수 없는 경우도 빈번하다. 매일 나는 이런 문제를 해결하려 애쓰는 일을 하는 것이 너무 좋다.

미주리강은 내가 자란 네브래스카주 오마하Omaha라는 도시의 동쪽을 따라 흐른다. 오마하의 북동쪽에는 카터 호수Carter Lake가 있다. 이 호수는 편자 모양으로 생겼는데, 오마하의 소박하지만 매력적인 에플리 공항Eppley Airfield 근처에 있다. 그런데 카터 호수가 처음부터 호수였던 건 아니다. 원래는 미주리강이 굽이치는 부분이었다. 수백 년이 흐르는 동안 강물이 둑에 부딪히다 보니 천천히 깎여 전보다 직선 형태로 흐르게 되었다. 그러다 퇴적물이 길이가 긴 둑 쪽에 쌓이면서 미주리강으로부터 완전히 분리되었다. (이렇게 생긴 호수를 우각호라 부른다.)

이처럼 흘러가는 와중에도 바다로 향하는 더 나은 길을 모색한 무모한 강물 한 방울이 있었다. 그리고 다른 물방울이 나타나고, 또 나타나고, 하류로 흐르는 새로운 길이 생길 때까지 무수한 물방울이 나타났다. 더 나은 길을 만드는 데 이보다 더 자연스러운 방법은 없는 것 같다.

오로지 일직선의 길로만 걸어가는 사람은 거의 없다. 길은 휘어 있거나 방향을 바꾸며, 문제는 계속 나타난다. 이렇게 만나는 어려움 하나하나가 더 나은 길을 찾는 기회가 되고, 위대한 기업의 잠재적 토대가 된다. 모든 문제를 자세히 살펴라. 그 문제가 당신이 앞으로 나갈 수 있는 진짜 길이다.

케빈 리 Kevin Lee

종합 돌봄서비스 업체 **위케어닷컴** CEO

가장 강력한 동기는 열정이다

열정을 따르라. 그저 창업하겠다는 마음만으로 회사를 시작할 거리가 없나 찾는 짓은 하지 말라. 인터넷에 접속해 잡지 <Inc.>의 프랜차이즈 란에 실린 회사를 살펴보는 건 누구나 할 수 있는 일이다. 하지만 세상에 내가 해결할 수 있는 문제가 있고, 사람들이 내가 만든 해결책을 구하기 위해 돈을 내는 모습을 보는 것은 아무나 할 수 없다. 진짜 즐거움은 이런 일에 깃들어 있다.

나는 대학교 학부 시절에 처음 사업을 시작했다. 멋진 일은 전혀 아니었지만(세 군데 레스토랑의 음식 배달을 합해서 진행하는 일이었다.), 시장의 요구에 맞는 일이었고, 재밌게 돈을 벌 수 있을 것으로 생각했다. 실제로 그랬다. 1994년에 두 번째로 차린 스타트업은 디지털 미디어 에이전시였다. 지금 우리 회사는 원래 이 에이전시에서 분리되어 나온 것이다.

나는 검색 엔진 마케팅 분야를 좋아해서 디지털 마케팅 중에서도 이 분야에 특히 초점을 맞추자고 마음먹었다. 검색 엔진에서 광고하려는 업체를 대상으로 노출할 광고를 경내에 부쳤다. 이러한 방식은 소셜미디어와 디스플레이 미디어로도 확대되었다. 그러니 내 사업이 확대되는 것도 당연했다. 학부에서 경제학을 전공하고 예일 경영대학원을 졸업했으며, 광고와 마케팅을 좋아하는 내게는 이 전부가 매우 흥미진진한 일이었다.

물론 다른 길을 갈 수도 있었다. 대학원을 졸업한 뒤 투자은행에 취업하거나 심지어 구글의 초기 100명의 직원에 포함될 수도 있었지만(그랬으면 지금보다 돈을 더 많이 벌었을지 모른다.) 대신 좋아하는 일에 매달리기로 했다. 그리고 추가로 사회적 기업을 세워 비영리 단체가 위케어닷컴과 함께 대의 마케팅 ause marketing, 환경 기아 빈곤 보건 같은 사회 문제를 활용하는 마케팅 기법의 힘을 활용할 수 있도록 했다.

한 가지 덧붙이자면 또 하나의 중요한 비결은 "훌륭한 인사팀 또는 직원의 중요성을 절대 과소평가하지 말라."는 것이다. 대부분 회사는 아이디어가 아니라 실행력으로 성공을 거둔다. 그러기 위해서는 훌륭한 직원이 필요하다.

"닻을 단단히 내릴 것인가, 오리 발걸음로 계속 갈 것인가"

스타트업 세계에서 뛰어난 사람이 되기 위해서는 여러 중요한 자질을 갖추어야 한다. 승부욕, 남들에게 전염될 정도의 열정, 그리고 항상 즐겁다고는 할 수 없는 엄청난 양의 일을 하겠다는 의지 같은 것들이다. 그런데 이런 자질은 보통 타고나는 것으로 따로 익히기는 어렵다. 하지만 인맥을 맺을 때 뻔뻔해지는 건 연습으로 쉽게 얻을 수 있는 자질이고, 일찍 시작할수록 더 많은 걸 얻을 수 있다. 만나고 싶은 사람 십여 명의 목록을 만들어라. 그리고 진심을 담아 솔직하게 조언을 구하고 싶다는 이메일을 써라. 그리고 반복해서 이메일을 보내라. 계속. 당신이 보낸 이메일을 무시하는 사람도 있겠지만, 얼마나 많은 유명한 사람이 답장을 보내고, 도와주려 하는지 알면 깜짝 놀라게 될 것이다.

관계의 기술

주변의 역량이 탁월한 기업가를 만든다

데이비드 마이어스 박사David Meyers, Ph.D.
자연보전을 위한 파이낸스 컨설팅 회사 **그린 앤트 어드바이저스** 총재

정말 중요한 건 사람이다

모두가 당신에게 "사람, 사람, 사람이야."라고 말하고, 당신은 "네, 물론이죠. 회사가 잘되려면 인재가 제일 중요하죠."라고 답할 것이다. 내가 그랬던 것처럼 심드렁하게 말이다. 이제 와서야 생각한다. 만약 처음 회사를 세웠을 때부터 이 이야기를 진정으로 이해했더라면 정말 좋았을 것이다.

지금까지 나는 다섯 개의 회사를 창업해 초기 단계에 참여했다. 어떤 회사에서도 금전적으로 큰 성공을 거두지는 못했으나, 1990년대 말의 인터넷부터 최근의 삼중 성과triple bottom line, 기업 이익·환경 지속성·사회적 책임이라는 세 가지 기준으로 실적을 측정하는 비즈니스에 이르기까지 여러 분야를 배울 수 있었다는 측면에서는 모두 내게 아주 가치 있는 회사들이었다.

이들 회사를 거치며 나는 또 한 가지 중요한 교훈을 얻을 수 있었으니, 결국 사람이 관건이란 것이다. 매번 회사를 세웠을 때마다 스타트업의 '성패'를 좌우했던 건 사람이었다.

이와 관련해 내가 정말 힘들게 깨달은 교훈들을 풀어보고자 한다.

직감을 믿어라

사람은 매우 현혹되기 쉽다. 그리고 기업가는 열의로 인하여 이상적이지 않은 상황을 받아들이기 십상이다. 어떤 일, 혹은 다른 어떤 일, 어떤 무언가 좋은 일이 생기면 그때는 잘 될 거라는 식으로 희망을 품는다. 하지만 마음속 깊은 곳에서 누군가가 문제가 될 것 같다는 느낌이 들면, 멘토에게 상의해 제2, 제3의 의견을 구하라. 당신의 직감을 털어놓아라. 스타트업은 아주 작은 회사이기 때문에 모두가 제 몫을 다해야 한다. 대기업에서는 물을 흐리는 미꾸라지를 어떻게든 감당할수 있겠지만, 스타트업에서 미꾸라지는 재앙이다.

기다리지 말라

함께 일하는 파트너나 공동창업자, 혹은 최고위 임원에게 문제가 있다는 걸 느꼈다면 바로 대응하라. 스타트업에서는 지속해서 해야 하는 일이 매우 많으므로 어떤 일을 다음으로 미뤘다가는 다시 손대기 어렵다. 업무 패턴은 금방 고착된다.

그러니 문제가 있다면 즉시 대응하고 완전히 해결해야 한다. 효과적인 해결책을 찾을 수 없다면 퇴사하라. 나도 지금까지 두 번 그런 이유로 회사를 그만두었는데 그때 그만두길 정말 잘했다고 생각한다. 회사에 아주 많은 돈과 마음을 쏟았다는 이유만으로, 상황이 좋아질지 모른다고 기대하며 기다리지 말라. 문제를 발견하면 대응하라. 대응에 실패했다면 떠나라.

적합한 팀을 구성하라

회사란 당연히 사람과 팀이 모인 곳이다. 훌륭한 팀원을 찾는 일을 멈추지 말라. 어떤 사람을 팀에 넣을지 최대한 까다롭게 고르라. 주식을 받는 조건으로 일하겠다는 사람은 뽑지 말라. 인턴이라 해도 함께 일하려면 시간과 관심을 쏟아야 하고, 초기 단계의 회사 문화에 영향을 미친다.

세상에는 뛰어난 사람들이 있고, 최고의 인재는 우리와 전혀 다른 사람이다. 그러니 나와 같은 사람만을 찾지 말라. 다양성이 핵심이다. '직원 선택'을 잘한 건지 확인할 가장 효과적인 방법은 채용할 때마다 적어도 세 명이 가능한 한 각자 독립적으로 후보자를 평가한 후 채용에 동의하는 것이다.

직급에 연연하는 사람은 피하라

그런 사람은 회사가 아니라 자리만 생각하는 사람이다. 사내 자리다툼은 정말로 사업에 집중하는 걸 방해하는 일이고, 이는 나쁜 의사 결정으로 이어진다.

마지막으로, 즐겨라

하는 일이 즐겁지 않다면 뭔가 잘못되고 있는 것이므로 고쳐야 한다. 창업은 쉬운 일이 아니지만, 일이 즐겁다는 건 당신이 잘하고 있다는 뜻이다.

잉그리드 스텝 Ingrid Stabb

<당신 안의 커리어> 저자, Y세대가 가장 원하는 멘토 100인에 선정

성공을 원하는가? 고용의 기술을 배워라

졸업한 뒤 두 번째로 택한 기업가로서의 모험은 스코어!Score!의 창립 구성원 세 명 중 하나가 되는 일이었다. 스코어!는 교육 전문 회사로, 쇼핑센터 안에 수익을 내는 체인점을 두는 방식으로 운영되었다. 학부모가 자녀를 맡기면, 아이들은 컴퓨터로 수학과 국어, 과학 등의 과목을 복습하면서 칭찬과 상을 받으며 즐거운 시간을 보낼 수 있었다.

처음에 우리 셋은 캘리포니아주 팔로알토Palo Alto에 있는 아이스크림 가게 옆의 학습 센터 딱 하나로 시작했다. 그래도 우리의 꿈은 원대했다. 컴퓨터를 이용하는 학습 센터를 전국 체인화하는 미래를 그렸다. 전화벨이 울리면 선생님용 나일론 유니폼을 입은 우리 셋 중 하나가 쌩하니 달려가 전화를 받았다. "학습 편의 센터 '스코어!' 팔로알토 지점입니다." 그렇게 '지점'이라는 부분을 더 강조하면서 말했다.

사업 모델을 다듬어 빠르게 도입하고 제2, 제3 센터로 확장을 시작할 수 있을 정도의 고객을 유치하기 위해 우리는 힘들었지만 열심히 일했다. 아나나 다를까 몇 년 지나지 않아 캘리포니아주 주변에서 19개의 학습 센터를 열었다. 그러고 나서는 전국 165개 센터로 사업을 확장할 때 자금을 투자했던 워싱턴 포스트 Washington Post에 회사를 매각했다.

우리가 이 사업에서 거둔 성공의 비밀은 적합한 사람을 채용해, 그들의 능력을 개발하고, 최고의 성과를 낼 수 있으리라 믿어주고, 자유롭게 일할 수 있게 했다는 점이다. 우리는 대부분 이제 막 대학을 졸업한 젊은 사람을 채용했다. 하지만 이들의 학력, 지적 능력, 야망, 의사소통 기술, 창의력 등을 고려하면 자리에 넘치는 자격을 갖춘 사람들이었다. 우리가 이런 직원을 채용할 수 있었던 건 경제적 조건이 좋았을 뿐 아니라 회사를 만들어 가는 과정에서 주인 의식을 느끼게 했고, 맡은 일에 의미를 부여했으며, 긍정적인 기업 문화 안에서 소속감을 주었기 때문이다. 이 직원들이 성공의 절대적인 이유였다. 그들은 맡은 바 책임을 다하고 기회를 잘 활용하여 우리 회사를 뛰어난 기업으로 성장시켰다.

절대 채용의 기준을 낮추지 마라

사업을 시작한 지 그리 오래되지 않았을 때 알게 된 성공의 비밀이 있다. 이는 그 후 내가 다른 사업을 할 때도 몇 번이고 맞다는 게 증명되었다. 스코어!에서 보다 채용 기준을 낮춰 고용을 진행한 적이 몇 번 있었는데, 그 결과는 전부 내게 독이 되었다. 반면 이력서 상의 기본 요구 조건을 반드시 갖추지는 못했더라도, 내가 앞서 말했던 특징을 정말 잘 갖춘 뛰어난 지원자가 나타날 때까지 기다려서 채용한 경우에는 항상 모든 이의 기대를 훨씬 뛰어넘는 결과를 보여주었다.

예일대 시절 친구들도 똑같은 사실을 알게 되었다. 어느 기업가 친구는 "대체 우리는 왜 조직개발론 수업은 안중에도 없이 기업 재무, 벤처 캐피털이나 경영 전략 같은 과목에만 집중했던 것일까?"라며 농담조로 말했다. 그러면서 사람이야말로 회사의 성패를 좌우하는 요소라는 걸 깨달았다며, "대학 때 조직개발론 수업에 좀 더 신경을 썼으면 좋았을 걸."이라고 했다. 그 자리에 함께 있던 거의 모든 비즈니스 리더들이 고개를 끄덕였다.

그 후 나도 직원 개인의 역량을 알아보고, 직원들이 각자 최선을 다해 일할 수 있는 장소와 자원을 마련하는 일이 중요하다는 걸 깨달았다. 스코어!를 경영하던 때는 이런 것을 알지 못했다. 그저 우리의 기준대로 직원을 뽑았을 뿐이었다. 하지만 지금은 사람마다 뚜렷한 강점 분야가 있다는 걸 분명하게 알고 있다. 저서 《당신 안의 커리어》에 이들 강점을 아홉 가지로 분류하여 실었다.

기업의 리더는 반복적으로 채용에 성공하려고 비슷한 사람을 계속 고용하는 실수를 저지를 수 있다. 하지만 조직에는 여러 강점을 고루 지닌 균형 잡힌 팀이 필요하다. 조직의 가장 큰 자산인 인재에 투자하려면 먼저 내가 지닌 장점에서 발생한 편견을 인식하고, 팀에 강점과 다양성을 보탤 수 있는 사람을 채용해야 한다. 그리고 팀원들이 주인 의식을 가지고 최선을 다해 각자의 업무를 할 수 있도록 지원해야 한다.

알렉산드라 카불라코스 Alexandra Cavoulacos
채용 전문 플랫폼 **더 뮤즈** 창업자, 엔젤 투자자

공동창업자는 현명하게 선택하라

첫 회사를 시작하기 전 내가 알았더라면 좋았을 게 하나 있다면, 바로 공동창업자 선택의 중요성일 것이다. 당시 나는 진입하려던 시장의 크기부터 사업 아이디어가 우리 생각만큼 혁신적인지 아닐지, 회사 로고는 어떻게 만들어야 할지 등등 크고 작은 걱정이 많았다. 그런데 정작 사업을 같이 시작하는 다른 사람들에 관해서는 진지하게 생각해보지 않았다. 우리는 사업 아이디어를 함께 낸 사이였으므로 회사를 같이 세우는 건 당연한 일이었다. 그것밖에는 다른 길이 없는 것 같았다.

10개월 뒤 우리 회사는 무너졌다. 회사가 실패한 건 시장의 크기 때문이나 사업 아이디어가 충분히 혁신적이지 않아서가 아니었다. 애초에 내가 적합한 사람들과 기업가로서의 여정을 떠나는 건지, 그 어려운 질문을 스스로 던지지 않았기 때문이었다. 그렇다. 우리는 같은 일에 관한 열정을 지녔지만, 회사의 장기 비전에 관해서는 서로 다른 시각을 지녔고, 그보다 더 크게는 서로 중요시하는 가치가 달랐다.

첫 회사를 실패한 건 믿을 수 없을 정도로 뼈아픈 경험이었다. 하지만 덕분에 나는 중요한 교훈을 얻을 수 있었다. 누군가와 창업을 함께하는 데 동의하는 건 결혼에 동의하는 것과 마찬가지이다. 절대 가볍게 결정해서는 안 된다. 사업을 시작하면 많은 시간과 노력이 든다. 그리고 공동창업자와의 관계는 빠르게 정리할 수도, 고통 없이 끊을 수도 없다.

다음 회사인 더 데일리 뮤즈The Daily Muse(지금은 더 뮤즈The Muse가 되었다.)를 창업했을 때 나는 그때 배운 교훈을 활용했다. 지금 내게는 두 명의 믿을 수 없을 정도로 좋은 공동창업자가 있다. 그들은 나와 가치 및 비전을 공유할 뿐 아니라 내가 변함없이 의지할 수 있는 사람들이다. 우리는 서로 보완할 수 있는 기술을 지녔고, 자주 솔직하게 의견을 나누며, 경이로운 관계를 유지하고 있다. 내가 자랑스럽게 여기는 기업 문화를 가진 회사가 성공에 이를 수 있었던 건 이처럼 우리 관계가 탄탄하기 때문이라는 걸 나는 알고 있다.

자, 그러니 기업가로서의 여정을 떠날 때는 현명하게 사업 파트너를 골라야 하고, 그 파트너가 적합한 사람인지 아닌지 어려운 질문을 던져야 한다. 그래야 상황이 안 좋을 때나 신나게 성공을 거둘 때나 이 파트너와 함께라서 다행이라고 생각할 수 있을 것이기 때문이다.

조너선 스완슨 Jonathan Swanson
서비스 전문가와 소비자 연결 온라인 플랫폼 **썸택** 공동창업자 겸 대표

뻔뻔하게 들이대되, 진심을 담아라

스타트업 세계에서 뛰어난 사람이 되기 위해서는 여러 중요한 자질을 갖춰야 한다. 승부욕, 남들에게 전염될 정도의 열정, 그리고 항상 즐겁다고는 할 수 없는 엄청난 양의 일을 하겠다는 의지 같은 것들이다. 그런데 이런 자질은 보통 타고나는 것으로 따로 익히기는 어렵다. 하지만 인맥을 맺을 때 뻔뻔해지는 건 연습으로 쉽게 얻을 수 있는 자질이고, 일찍 시작할수록 더 많은 걸 얻을 수 있다.

인맥을 맺을 때 뻔뻔해진다는 건 이렇게 간단한 일이다. 만나고 싶은 사람 십여 명의 목록을 만들어라. 그리고 진심을 담아 솔직하게 조언을 구하고 싶다는 이메일을 써라. 그리고 반복해서 이메일을 보내라. 계속. 당신이 보낸 이메일을 무시하는 사람도 있겠지만, 얼마나 많은 유명한 사람이 답장을 보내고 도와주려 하는지 알면 깜짝 놀랄 것이다. 부지런히 감사 이메일을 회신하고, 그들로부터 받은 조언에 따라 어떤 일을 했는지 업데이트하고, 적절한 때가 되면 다시 연락해본다. 언제든 가능할 때 당신도 그들을 돕겠다는 제안을 진심을 담아서 전해라. 어떤 사람과의 대화는 막다른 지경에 이르러 그걸로 끝이겠지만, 생산적이고 유익한 대화

를 나누는 경우도 많다. 이런 노력이 즉시 효과를 나타내지는 않겠지만 몇 달, 몇 년이 지나면 가치 있는 노력이었음이 증명된다. 소프트웨어 회사 모즈Moz의 창업 자였던 랜드 피시킨Rand Fishkin은 이 방법을 두고 '세렌디피티의도치 않게, 우연히 얻은 좋은 경험이나 성과 만들기'라고 했다.

썸택을 세우려고 샌프란시스코로 이사 오기 전, 나는 백악관에서 일했었다. 샌프란시스코에 막 왔을 때는 공동창업자들 외에 이 도시에 아는 사람이 아무도 없었다. 그 후 2년간 회사를 세우기 위해 편집광처럼 하나의 목표만을 바라보며 반사회적인 삶을 살고 나자 이제는 밖으로 나가서 사람들을 만날 때라는 생각이 들었다.

그 후 한 해 동안 나는 으레 점심에 사람을 초대하고, 아침을 먹으려고 사람들을 만나며, 저녁에 파티를 열고, 약속을 잡아 사람들을 만나곤 했다. 이렇게 하려면 시간과 돈을 정말 많이 투자해야 한다. 하지만 그에 대한 엄청난 보상이 따른다. 덕분에 나는 사업에 도움을 줄 수 있는 사람들을 정말 많이 만났을 뿐 아니라 멋진 우정도 쌓을 수 있었다.

BE SHAMELESS BUT GENUINE
ABOUT
NETWORKING

"관계를 맺을 때는 뻔뻔해지되, 진심을 담아야 한다"

유진 루드윅 Eugene A. Ludwig

고급 금융서비스 컨설팅 회사 **프로몬토리 파이낸셜 그룹** 창업자 겸 CEO, 전(前) 미국 통화감독청장

당신의 팀이 전문가 그룹, 그 이상이 되어야 하는 이유

기업가가 되려면 새로운 아이디어나 개선된 프로세스를 넘어서는 역량, 그리고 영감 이상의 것이 요구된다. 다시 말해 팀을 구성하고 실행에 성공할 능력, 이 두 가지가 꼭 필요하다.

나는 예일대학원을 졸업한 후 워싱턴 D.C.로 옮겨 금융법 전문가로 직장 생활을 시작했다. 옥스퍼드 대학교와 예일 대학원 시절에 친하게 지냈던 클린턴 대통령은 역사적 신용 경색 국면을 맞은 미국을 위해 금융 시스템을 회복시키는 데 도움을 달라고 내게 요청했다. 그런 엄청나게 중요한 일을 맡겨준 데 감사하지 않을 수 없지만, 이런 업무의 성패는 스스로 통제할 수 없는 요인에 달려 있다는 걸 곧 깨달았다. 정부 안의 다른 정책 입안자들이 이 업무를 지원해야 하고, 정치권에서도 호의적인 태도로 받아주어야 한다. 그리고 무엇보다 중요한 건 동료 직원들이 대통령의 정책을 현실화할 수 있도록 도와주어야 한다.

그러한 경험을 거쳐 10년 전, 창업의 기회가 찾아왔다. 당시 나는 창업을 아주 간단한 일로 생각했다. 나는 변호사로 일하며 고객 서비스가 얼마나 힘든 일인지

잘 알고 있었다. 하지만 그때 내 생각에, 고객 서비스는 다른 일에 비하면 관리할 부분이 훨씬 적은 일이었다. 능력을 발휘해서 일을 잘하거나 아니면 실패하거나 둘 중 하나일 뿐이며, 전적으로 자기 방식대로 해 나가면 되는 일로 여겨졌다. 물론, 어떤 일이든 국회의원을 상대하는 것보다는 쉬울 거란 생각엔 변함이 없다.

하지만 프로몬토리를 창업한 후 몇 달 만에 정부 기관에서 근무했을 때만큼이나 동료 직원이 중요하다는 사실을 분명히 알게 되었다. 각자가 가진 실질적인 전문성뿐 아니라, 그들이 내놓은 아이디어에는 훨씬 더 중요한 가치가 있었다. 내 생각이 옳다는 생각에 지나치게 매달리고 있을 때 이의를 제기해 줬고, 내가 일을 잘못 처리했다고 생각될 때는 나를 북돋워 주었다. 여러 동료들은 고객이 처한 어려움을 서로 다른 여러 측면으로 생각했다. 그런 의견을 모은 덕분에 고객의 앞에 놓인 길을 더욱 완전하게 그릴 수 있었다.

사업가라면 회사의 모든 걸 혼자 짊어지고 싶은 유혹에 시달린다. 하지만 그런 생각을 물리치기를 바란다. 누구를 선택해 채용할 것인가를 정하는 것만큼 중요한 결정은 없다. 똑똑하고 열심히 일하는 직원들로 회사를 구성하라. 비판을 받아들이는 열린 마음을 가져야 하며, 비판하는 이가 없다고 느껴질 때는 찾아나서라. 당신이 하는 일의 결과를 좋게 하거나 사무실에서 보내는 시간(밤낮으로)을 보람 있게 만드는 확실한 방법은 그것뿐이다.

밥 케이시 Bob Casey

중고 모바일 기기 보상판매 업체 **유리뉴** 창업자 겸 CEO

때로는 아이디어보다 팀이 더 중요하다

2008년 초 예일대학교 2학년생이었던 나는 암브로시아 브랜드Ambrosia Brands의 창업자로 예일 창업지원 협회YEI, Yale Entrepreneurial Institute 여름 협력 프로그램에 지원했다. 암브로시아의 목표는 설탕이 많이 든 음료수와 경쟁할 만한 몸에 좋은 에너지 음료를 시장에 내놓는 것이었다. 공동창업자와 나는 음료 전문 화학자를 고용하고, 회사 로고와 브랜드 자료를 만들고, 시장 조사를 하느라 저축해 둔 얼마 안 되는 돈을 거의 다 썼다.

　이런 상황을 털어놓자 예일 창업지원 협회 회장이었던 짐 보일Jim Boyle은 우리가 미쳤다고 생각했다. 우리는 음료 산업(사실 그 어떤 산업에도)에 관한 아무런 경험이 없었다. 하지만 에너지 음료 사업으로 성공할 수 있으리라 전적으로 확신하고 있었다. 시장 조사를 많이 했고, 음료 사업 경험이 있는 업계 전문가들과 수십번 회의를 거쳤고, 제품을 개발하고 있었다. 짐 보일 회장과 협회 측에서는 암브로시아가 어떻게 성공할 것인지 가늠하지 못했지만, 정말 끈질기게 노력한 끝에 예일 창업지원 협회는 우리를 협력사로 받아주었다.

프로그램에 참여해도 좋다는 승인을 받고 두 달이 지났을 때, 그리고 여름이 아직 시작되지도 않은 때에 우리 팀은 짐이 몇 달 전에 생각했던 것과 같은 결론에 도달했다. 여러 가지 이유로 암브로시아의 사업은 성공할 수 없으리라는 것이었다. 우리는 터덜터덜 그의 사무실로 걸어가 우리가 내린 결론을 알렸다. 휴대전화 재활용 관련 사업에 관한 새로운 아이디어가 있었지만, 이렇게 막판에 방향을 바꿔도 협회에서 우리를 계속 협력사로 프로그램에 참여하게 해줄지 확신할 수 없었다.

짐은 하룻밤 만에 달라진 사업 내용을 보고 놀라움을 감추지 못했다. 불과 몇 주 전 암브로시아의 사업에 관해 전적인 확신을 보여줬던 터였기 때문이다. 하지만 그는 몇 가지 날카로운 질문을 던진 후에 그래도 여름 프로그램에 참여해도 좋다고 확인해 줬다. 안심했지만, 그보다는 다소 놀란 마음으로 거기서 더는 묻지 않고 서둘러 사무실을 빠져나왔다. 그가 마음을 바꾸기 전에 말이다.

감사하게도 휴대전화 재활용 사업으로 눈을 돌린 보람이 있었다. 음료업계를 포기한 때로부터 4년이 지난 지금, 우리 회사 유리뉴는 300여 기업 고객(여기에는 포춘 500에 속하는 대기업도 수십 곳도 포함되어 있다.)을 대신해 매달 수만 대의 휴대전화를 수리하고, 재활용하고, 리퍼비시refurbish하고 있다. 우리가 여기까지 올 수 있었던 단 하나의 이유는 재능 있고, 새로운 환경에 잘 적응하며, 추진력 있는 사람들로 구성된 멋진 팀을 만들었다는 것이다.

그 당시부터 짐은 스타트업의 성패는 사람에 달렸음을 알고 있었다. 그래서 성공 여부를 가늠할 때 우리가 제시했던 하나의 사업 아이디어가 아니라 창업자를 보았던 것이다. 회사란 결국 공동의 목표를 이루기 위해 모인 개인의 집단이다. 그리고 스타트업의 운명을 좌우하는 건 대개 팀의 역학관계와 직원들의 능력, 그리고 협동심이다.

엄청나게 운 좋게도 나는 학부 재학 시절에 사업을 시작하여 팀을 만들 수 있었다. 유리뉴는 여러 면에서 내게 예일대학교 교육의 연장선인 느낌이다. 그 어떤 수업 시간보다 우리 팀 사람들과 멘토들로부터 더 많은 것을 배웠다.

그렇게 나는 학생이라는 신분이 주는 힘과 경험 많은 멘토, 똑똑한 동료의 가치를 깨닫게 되었다. 이런 장점이 졸업 후 학교를 떠난다고 해서 끝나야 하는 건 아니다. 그래도 여전히 사람에 달려 있다. 최고의 사람을 찾아라. 전화기를 들어 감탄스러운 사람에게 연락하라. 당신의 열의와 열정을 나누고, 멋진 팀을 만들어라. 그러면 멋진 회사가 생길 것이다.

마라 시걸Mara Segal

스타트업 인큐베이터 **삼성 액셀러레이터** 제품 및 마케팅 부문 부사장, 소매 플랫폼 **유티크** 창업자 겸 CEO

2초 안에 사로잡아라

오늘날 소비자에게는 정보가 넘쳐난다. 그 결과 소비자들의 주의집중 시간은 점점 더 짧아지고 있다. 이것이 기업에 의미하는 바는 무엇일까? 운이 좋다면 소비자의 눈길을 2초간 사로잡을 수 있다는 뜻이다. 소비자의 주의를 끌 시간이 1초, 우리 제품이 왜 중요한지 말할 시간이 나머지 1초이다.

우리는 점점 업체들이 늘어나는 시장에서 경쟁하고 있다. 새로운 기술은 속속 싼값으로 시장에 도입되고, 경쟁업체들 사이에 기능적 차이를 만든다. 그렇다는 건? 제품 인식을 높이고, 제품 전도사를 만들며, 고객 충성도를 높이기 위해서는 다른 차별화 요소를 이용해야 한다는 것이다. 오늘날 소비자 대상 시장에서는 소비자를 깊이 있게 이해하는 능력과 소비자가 찾는 높은 구매 혜택을 제공하는 능력이 중요하다. (제품을 보고 소비자가 어떻게 느끼는지, 브랜드가 지닌 가치를 소비자와 어떻게 연결할지 기업이 할 수 있다고 생각하는 바를 넘어서 보아야 한다.) 이런 필요성을 충족시키는 데는 컨슈머 인사이트 소비자의 행동 양식과 가치관을 파악해 제품과 서비스에 반영하는 일 —여주, 브랜드 전략, 그리고 디자인이 훌륭한 도구가 된다.

사회생활을 시작한 이후, 나는 음료와 화장품 부문에서 브랜드 전략가로서 경력을 쌓았다. 음료와 화장품 시장에는 상징적인 브랜드들이 존재하며, 상품 종류가 아주 많은 데다, 같은 가치 제안value proposition을 가진 상품 또한 여럿 있다. 이 시장에서는 소비자를 해석하고, 소비자 마음속 더 깊은 곳에 있는 구매 동기에 다가서며, 그들의 라이프 스타일에 녹아들면서 제품과의 관련성을 쌓기 위해 세심한 차이가 있는 제품을 제공하는 능력을 발휘해야 한다. 관련성과 용도의 명확성을 키우기 위해서는 브랜드와 고객의 모든 접점이 중요하다. 모든 소통 방식, 브랜드 정체성, 포장법, 제품 사용 후기, 고객 서비스를 위한 목소리를 비롯하여 고객과 브랜드 사이의 많은 접점 중 어느 하나라도 간과해서는 안 된다.

이처럼 브랜드 전략을 담당해본 경험, 그리고 예일대학교에서 받은 (건축) 디자인 교육이 유티크를 창업했을 때(내가 2007년에 세웠던 회사이다.) 가치 창출value creation에 득이 되었다. 복잡한 내용을 이야기하려면 시각적인 소통이 필요했고, 소비자의 관심을 최대한 사로잡아 메시지를 전해야 했다. 소비자들이 우리 회사 제품을 알아보고, 이것이 매출로 이어져 소비자와 파트너가 되는 과정에서의 핵심 비결은 바로 제품 디자인이었다. 비록 규모는 작았지만, 우리는 그런 단점을 극복했다. 우리 회사 상품유티크는 화장품 자동판매기로 유명했다 —역주의 사진을 찍어 SNS에 올리는 사람들이 늘어나자 전 세계 잡지사에서 관련 기사를 싣게 해 달라며 연락을 해왔다. 우리는 소중한 회삿돈을 마케팅에 쓸 필요가 없었다. 제품과 제품 전도사 역할을 하는 고객들이 마케팅을 대신해 주었기 때문이다. 무엇보다 중요한 건 우리 회사가 경쟁사들 사이에서 돋보였고, 고객을 확보했으며, 신뢰를 얻었다는 점이었다.

혁신을 추구하고 신제품을 개발하는 다양한 방법을 탐구한 뒤 나는 먼저 소비자를 이해하고(힘든 일이었다.) 소비자와 관련성이 더욱 높은 제품을 만들었다. 그리고 제품을 개발하는 과정에서 소비자와의 접점을 놓치지 않았다. (소비자 요구 vs. 기술적 분투) 또한, 디자인에 투자하여 꾸준한 투자자본수익률ROI을 얻었다. (소비자의 눈에 띄면 입소문이 퍼졌다.)

소비자에게 전해지는 정보는 넘쳐나고, 소비자들의 주의집중 시간은 짧다. 우리가 소비자로부터 얻을 수 있는 시간은 단 2초이다. 1초 동안 그들의 주의를 끌고, 나머지 1초 동안 우리 회사 제품이 왜 중요한지 알려야 한다. 이를 위해서는 강력한 디자인의 힘이 필요하며, 우리 제품과 브랜드의 어떤 점이 소비자와 관련되는지 깊이 있게 이해해야 한다. 그래야 어려운 점을 극복하고 고객과 오래가는 관계를 형성할 수 있다.

"주어진 시간은 단 2초"

애나 바버 Anna Barber
멀티미디어 창작 플랫폼 **스크리블 프레** 공동창업자 겸 CEO

가장 훌륭한 스승은 당신의 고객이다

처음 사업 아이디어를 구상하는 이들 대부분이 자기가 개발한 제품이나 서비스가 무엇이며, 어떤 기능을 하고 누가 사용할지, 어떻게 보이며 가격은 얼마여야 하는지 다 안다고 생각한다. 투자를 받으려면 당연히 이런 세부 사항들을 발표해야 한다. 제품의 정체와 전달 방법, 가격 구조 등을 포함해 사업 내용 전부를 잠재 투자자들 앞에서 설명해야 하는 것이다.

그런데 초기 발표자료에 무슨 내용을 적었든, 열두 달 후 궁극적으로 생산해 시장에 내놓는 제품은 그때 발표했던 구상과는 완전히 다른 물건(혹은 서비스)일 것이다. 왜냐하면, 제품이나 서비스를 개발하는 동안 고객으로부터 그들이 무엇을 원하는지, 제품이나 서비스가 어떻게 보이는지, 얼마 정도의 가격을 적당하다 여기는지, 어디로 배송받고 싶은지 배우게 될 것이기 때문이다. 고객으로부터 더 빨리, 더 좋은 내용의 피드백을 받을수록 사업의 결과는 좋아질 것이다.

창업을 위한 각각의 단계를 하나의 실험으로 생각하라. 각 단계에서 당신이 시험하려는 가설은 무엇이며, 판독 가능한 결과를 얼마나 빨리, 그리고 얼마나 저렴한 비용을 들여 얻을 수 있는가에 집중하라. 이 같은 접근방법을 이용하면 여러 장점을 얻을 수 있다. 대표적인 것은 다음과 같다.

- 시행착오의 시간과 실패의 크기를 줄일 수 있다. 아이디어를 수정하거나 심지어 폐기하는 편이, 안 되는 아이디어를 바탕으로 1년을 들여 제품을 디자인해서 출시한 뒤 깨닫는 것보다 훨씬 낫다. 기업가로 성공하고 싶다면 '빨리 그리고 자주 실패해야 한다'는 걸 잊지 말라.
- 창업의 단계마다 비용을 조금씩 늘려 사용하게 되므로 이러한 접근법을 따르면 금융 자본을 절약하며 쓸 수 있다.
- 개발 단계를 거칠 때마다 고객을 파트너로 만들 수 있다. 일단 제품부터 출시하면 고객은 극복해야 할 대상이나 설득해야 할 청중이 되지만, 이 접근법을 이용하면 고객을 당신의 파트너로 만들 수 있다.
- 당신은 겸손을 배우게 되고, 주변 모두로부터 배우는 학생의 자세를 갖추게 된다.

다른 사람보다 더 좋은 아이디어를 가졌다거나 일을 더 열심히 한다고 해서 성공을 거두는 게 아니다. 창업의 과정에서 각 단계를 지날 때마다 시장과 고객이 말하는 소리에 귀를 더 많이 기울이는 기업이 성공을 얻는다.

keep trying

"계속해서 시도하라"

사업이 성장하고 있는 작은 회사라면 어디서나 완전하지 못한 정보를 바탕으로 빠른 결정을 내려야 한다. 작은 회사의 대표나 기술 기업가들은 조직의 향방을 좌우하는 시점에서 특정 길을 택하도록 이끌어 준 건 '직감'이나 '육감'이었다고 종종 이야기한다. 젊은 최고경영자로서 나도 그렇다고 생각한다. 하지만 사실에 기반을 둔 추정인지 아니면 그냥 느낌인지 구별하는 것이 중요하다. 완전히 감정만으로 결정을 내린다면 그 결정은 직감만을 따른 것이고, 그래서 위기의 순간이 찾아왔을 때 과잉반응하거나 결정 사항을 과하게 조정하게 된다. 아마 타고난 것이겠지만, 뛰어난 창업자는 믿을 수 없으리만큼 감정보다는 직관에 따라 행동하는 능력을 갖추고 있다.

최고가 되는 기술

넘볼 수 없는 성공을 향하여 계속 나아가는 법

리처드 탈하이머Richard Thalheimer

소비자 가전 및 생활용품 브랜드 **샤퍼 이미지**, 모바일 기기 온라인 스토어 **리처드솔로** 창업자

큰 목표를 위하여 매일 성취할 작은 목표를 설정하라

대부분 사람이 일과 생활 사이의 균형을 원한다. 물론 맞는 이야기이다. 우리는 모두 일과 생활의 균형을 찾으려 노력해야 한다. 그렇기는 하지만 당신이 선택한 직업에서 크게 성공하고 싶다면 매일 아침 스스로 질문을 던질 필요가 있다. "목표에 한 걸음 더 다가서려면 오늘은 무엇을 성취해야 할까?"

어느 날 목표에 다가서기 위한 활동을 아무것도 하지 않았다면(아무리 사소한 일이라 할지라도), 당신은 사실상 그 하루를 허비한 것이다. 기업가로서의 목표라는 측면에서 볼 때 그런 날은 정말 아무것도 얻지 못한 셈이다. 먼 미래의 청사진만을 기준으로 삼다 보니 많은 사람이 허다한 날을 제대로 된 성취 하나 없이 흘려보낸다. 자연히 사업 성공은 달성하기 요원한 꿈이 될 수밖에 없다.

매일 성취할 수 있는 목표들을 수립하자. 새로운 고객사를 얻는다거나, 영업 목적 전화를 돌린다거나, 기술 지식이나 시스템을 개선한다거나, 지원이나 장비를 추가한다거나 하는 식의 작은 일부터 시작하면 된다. 어떻게 해야 할지 이제 이해했을 것이다.

최고가 되는 기술

회사원이라면 프로젝트를 마무리한다거나 상사와 면담한다거나(업무 범위를 어떻게 늘릴 수 있을지 상의한다.) 이력서를 다듬는다거나 강의 신청을 한다거나 아니면 오늘 만나는 고객과의 업무를 진짜 잘 처리한다는 등의 방법이 있다.

내가 잘하고 있는지 확인하기 위해서 매일 아침 스스로 질문하라. "내 경력을 발전시키기 위해 오늘 나는 무엇을 해야 할까?"

그리고 하루를 마무리할 때 스스로 물어라. "발전하기 위해 오늘 내가 크든 작든 성취한 일은 무엇일까?"

대단한 일을 이룬 날도 있고, 사소한 일을 이룬 날도 있겠지만, 중요한 건 오늘 무언가 성취했다는 것이다!

인생은 단거리 경주가 아니라 마라톤이다. 무언가를 꾸준히 매일 하면, 그 일이 모여 나중에 훌륭한 결과를 가져온다. 몇 년이 걸릴 수도 있지만, 매일 무언가를 성취하려는 꾸준한 노력을 기울이면 그 노력이 모여 경력의 성공을 가져다줄 것이다.

"매일 작은 것이라도 성취하라"

로렌 모나한 Lauren Monahan

유모차 및 유아용 카시트 회사 **어파베이비** 공동창업자

성공하는 사업에는 세 가지 요소가 있다

우리 아이들이 어렸을 때, 남편과 나는 시장에 나와 있는 청소년용 옷이 두 종류로 나뉜다는 걸 깨달았다. 별로 사고 싶지 않거나(만화가 그려져 있다든지, 색깔이 별로든지, 아니면 특히 소재가 탄탄하지 않든지) 너무 화려한 디자인에 대부분 가정에서 감당할 수 없는 가격대거나. 우리는 유모차와 카시트 시장에서도 빈틈을 찾았고, 아이들에게 안전하며 편안하면서도 깔끔한 디자인과 좋은 품질로 부모들도 좋아할 만한 제품이 필요하다는 시장의 니즈를 읽었다. 계속해서 신제품을 개발하면서 남편과 나는 항상 같은 질문을 던지기를 반복했다. '내가 판매하려는 제품은 정말 필요한 제품인가?'

소비자들의 틈새 니즈를 충족시키는 제품

당신 회사의 제품이 시장에 나와 있는 기존 제품들이 만족시키지 못하는 틈새 니즈를 채우는 것인지 아닌지 확인하는 일은 중요하다. 당신이 고객에게 제공하

는 건 혁명적인 상품일 수도 있고, 차별화된 관계일 수도 있다. 당신이 내놓은 상품과 기존 상품과의 차이가 대단히 크지 않을 수도 있다. 하지만 시장에 반드시 그 차이를 부각시켜야 한다. 그렇지 않으면 고객이 다른 회사나 이미 알려진 브랜드의 제품 대신 당신의 회사, 혹은 제품을 선택해야 할 이유가 없다.

상호 보완적인 특성을 가진 팀원들

나의 남편 밥은 엔지니어링, 재무, 운영 부문에서 탄탄한 경력을 쌓았다. 나는 영업, 마케팅, 법무 분야의 경험이 많다. 우리는 서로 다른, 하지만 아주 상호 보완적인 능력을 갖추었다. 그 외에 중요하다고 생각하는 분야와 관련해서는 아주 우수한 직원들로 팀을 만들었다.

일례로, 우리 회사 디자인 팀을 담당하는 부사장은 산업 디자인에 관한 강력하고 분명한 비전을 가졌다. 그는 회사의 모든 제품과 재료에 계속해서 깔끔하고 현대적인 미학을 적용한다. 또한, 우리 회사의 고객 서비스 담당 임원은 다가서기 쉽고 따뜻한 사람이다. 그녀에게는 사람의 마음을 진정시키는 능력이 있다. 그래서 일단 고객의 마음을 진정시키고 난 후 고객의 우려 사항에 공정하고 후한 해결안을 제시한다. 그녀는 자신이 담당하는 고객 서비스 부문(우리 회사에서 가장 큰 조직이다.) 직원들에게도 같은 방식을 기대한다. 우리 회사의 사무 지원팀장은 매우 상냥하고 아주 열심히 일한다. 직원들은 사무 지원팀장과 편하게 이야기를 나누며, 직원들의 사기와 필요한 사항에 관해 지속적인 피드백을 준다. 그녀는 무던한 태도와 강한 직업윤리를 모범적으로 보여주는 직원이다.

이처럼 팀을 구성할 때는 반드시 신중하게 사람을 택해야 한다. 당신의 회사가 진출한 시장, 업계의 특성과 당신 자신, 그리고 공동창업자들의 장단점을 고려하여 적절한 성격과 재능을 갖춘 팀원을 찾아야 하는 것이다.

고객을 존중하며 대하는 응대 방식

무엇을 팔든 당신의 제품에 믿음을 가져야 하는 것은 당연하다. 그러나 그렇다고 고객을 대하는 법을 저버려서는 안 된다. 당신 회사의 제품이 남다르게 좋을 수 있지만, 그건 성공 방정식의 일부일 뿐이다. 고객이 존중받는다고 느끼며 때로는 고객에게 힘이 되어주는 회사가 되어야 한다. 그렇지 않으면 고객은 제품력이 다소 떨어지더라도 좋아하는 회사로 옮겨간다.

우리는 본사 사무실에서 매일 최종 사용자인 고객과 직접 이야기를 나눈다. 실제로 우리 회사는 연락이 잘되며, 고객 응대를 잘하는 회사라는 평을 듣는다. 사람들은 영유아용 제품을 살 때 친구들의 추천에 크게 의지한다. 우리 물건을 사고 크게 만족한 고객들은 그것을 주변에 적극적으로 추천한다. 고객을 대하는 방식 덕분에 우리 회사는 고객 충성도와 브랜드를 쌓을 수 있었다.

로버트 아델슨Robert S. Adelson
벤처 캐피털 **오사지 파트너스** 매니징 디렉터

성공하는 벤처에는 벤처다운 문화가 있다

우리 회사 오사지 파트너스에서는 벤처 펀드를 두 개 운용하고 있다. 우선 오사지 벤처 파트너스Osage Venture Partners 펀드에서는 기업용 소프트웨어를 개발하는 스타트업에 초기 단계 자금을 지원한다. 두 번째로 오사지 유니버시티 파트너스 Osage University Partners 펀드는 모든 기술 분야를 대상으로 대학에서 독립한 기업을 돕는 한편, 전국 46개의 연구 우수 대학과 협력하여 이곳에서 진행 중인 모든 단계의 개발을 지원한다. 그러면서 단지 자금뿐만 아니라, 사업의 성공과 직장에서 개인의 성취를 얻는 데 중요하다고 판단되는 여러 요소를 강조하는 벤처 문화를 개발하기 위해 노력해왔다. 그에 관한 구체적인 내용을 소개한다.

분야

위험을 감수하라. 역발상을 하라. 그리고 점진적이기보다는 파괴적인 개선을 택하라.

팀

우리 회사에서도, 그리고 우리 회사가 투자하는 회사에서도 가장 중요한 건 인재이다. 'A'급 리더는 'A+'급 인재를 뽑고, 'B'급 리더는 'C'급 직원을 뽑는다. 사람을 평가할 때는 그가 만든 팀을 보라. 만일 함께 일하는 사람 가운데 당신이 가장 똑똑하고, 몇 달이 더 지나도 마찬가지 상황이라면 걱정해야 할 때이다.

제품

제품의 가치를 판단하는 가장 확실한 방법은 소비자가 재구매를 하는지 살피는 것이다. 과하게 구성이 복잡한 제품도 많고, 기존 제품을 대체하기에 별로 큰 차이가 없는 제품도 있고, 기존 제품의 사용상 불편함을 해결하기에는 그다지 큰 도움이 되지 않는 제품도 있다. 가장 좋은 해결책은 구매자에게 가장 필요한, 최우선순위의 니즈를 목표로 삼고, 간결함의 가치를 제공하는 것이다.

우리 회사의 벤처 문화를 말하자면 이렇다.

준비

창업자를 만나기 전 우리 팀은 항상 사전에 받은 사업 제안서를 샅샅이 훑어본다. 우리 회사나 우리가 투자하는 회사를 위해 채용 면접을 볼 때는 항상 면접 전에 지원자의 이력서와 관련 배경 정보를 확인한다. 별 것 아닌 일 같지만 우리는 준비를 통해 성과를 향상시킬 수 있으며, 또한 이것이 우리가 만나는 상대에 대한

예의의 표시라고 생각한다.

이는 또 다른 문화로 이어진다.

존중

우리는 사무실로 찾아오는 손님을 기다리게 하지 않는다. 그러므로 회의는 항상 약속된 시간에 바로 시작한다. 모든 발표는 열심히 듣는다. 초반에 이미 투자하기에 적합하지 않은 경우라는 것을 알게 되어도 끝까지 열심히 듣는다. 그리고 나서 회의 마지막에 최상의 조언, 정말 솔직한 반응을 들려주려 최선을 다한다. 다른 벤처 투자 회사가 그렇듯 우리 회사에서도 실제로 투자하는 건 전체 투자 기회의 절반이 채 되지 않는다. 그러므로 우리가 투자하지 않기로 한 많은 회사의 창업자를 존중하는 방법은 그들의 이야기를 완전히 집중해서 들어주고, 우리의 경험을 나누어 주는 것이라고 믿는다.

겸손

벤처 업계는 지금까지 없었던 아이디어를 떠올리고, 이를 바탕으로 성공할 만한 통찰력과 재능을 지닌 창업자들이 새로운 부를 만드는 곳이다. 이 업계에서 벤처 투자 회사는 여러 방면으로 그 같은 창업자들을 도와 성공에 이바지한다. 그럼에도 우리는 우리의 역할이 처음부터 위험을 감수하기로 한 창업자와 비교하면 부차적인 것임을 잊지 않으려 노력한다.

정직

마지막으로 자신의 강점과 약점에 관해, 특히 약점에 관해서는 한층 잔인할 정도로 솔직하게 파악해야 한다. 개인적으로 약한 부분을 빨리 알아챌수록 최고의 결과물이 나올 수 있게끔 업무방식을 빨리 개선할 수 있다.

벤 제이콥스Ben Jacobs

GPS 탑재형 반려견 추적기 제조 회사 휘슬 공동창업자 겸 CEO

사업가로서의 본능적 감각, 직관을 계발하라

우리 회사가 막 시작한 초기 단계일 때 내가 받은 조언 가운데 가장 간결하고 흥미로웠던 건 '직관 대 감정'에 관한 것이었다.

성장 중인 작은 회사라면 완전하지 못한 정보를 바탕으로 빠른 결정을 내려야 한다. 성공한 작은 회사의 대표나 기술 기업가들은 조직의 향방을 좌우하는 시점에서 특정 길을 택하도록 이끌어 준 건 '직감'이나 '육감'이었다고 종종 이야기한다. 젊은 최고경영자로서 나 또한 동의하는 바이다.

하지만 사실에 기반을 둔 추정인지 아니면 그냥 느낌인지 구별하는 게 중요하다. 전자는 근거를 바탕으로 하되 본능적이고 동물적이기까지 한 사업가적 감각, 즉 직관이라 할 수 있으며, 후자는 순간적으로 휘몰아치는 마음, 즉 감정이라 할 수 있다. 완전히 감정만으로(두려움, 분노, 실망 같은 부정적인 감정이든 신남, 기쁨, 심지어 사랑 같은 긍정적인 감정이든) 결정을 내린다면 위기의 순간이 찾아왔을 때 과잉 반응하거나 결정 사항을 과하게 조정하기 쉬우므로 이 두 가지를 분간하는 것은 필수이다.

아마 타고난 것이겠지만, 뛰어난 창업자들은 감정보다는 직관에 따라 행동하는 능력을 믿을 수 없을 정도로 갖추고 있다. 이들은 심각한 상황을 빠르고 냉정하게 평가하며 실시간으로 중요한 결정을 내린다. 보통 사람들과는 확연히 차이가 있지만, 괜찮다. 이런 능력 또한 계발할 수 있다. 나 역시도 열정에 이끌려 사업을 결정하려 할 때가 있어서 여전히 직관의 능력을 키우려 노력 중이다.

이상이 내가 나누고 싶은 조언이다.

여기에 더해 '창업자'에는 여러 형태가 있다는 점을 덧붙이고 싶다. 나는 자신의 회사에서든 아니면 큰 조직 안에서든, 기술 분야에서든 아니면 다른 분야에서든 무언가 새로운 것을 만들려는 사람을 정말 존경한다. 그들 모두가 창업자이다. 그리고 그들이 나처럼 함께 일하는 팀으로부터 많이 배우고, 함께 많이 기뻐하기를 바란다. 나는 내가 아는 사람들 중 가장 똑똑하고, 가장 친절하고, 가장 겸손한 사람들과 함께 일하고 있다. 당신도 나와 마찬가지의 행운을 누릴 수 있길.

"직관 vs. 감정"

당신에게는 어떤 사업가적 역량이 있는가

성공하는 기업가가 되기 위해 무엇이 필요하다고 생각하는가? 나의 경우에는 다음과 같은 역량들이 핵심적이었다고 생각한다. 나에 비추어, 이 글을 읽는 여러분 각자의 사업가적 역량에 관해 반추해보길 바란다.

타고난 추진력을 갖췄다

당신은 추진력을 타고난 사람이거나 아니거나, 둘 중 하나일 것이다. 우리 팀원들은 한 명도 빠짐없이 전부 추진력을 타고난 사람들이다. 지금 당신 자신과 당신의 팀을 살펴보라.

공동창업자는 서로 보완할 수 있는 사람으로 신중하게 택했다

모든 스타트업에 공동창업자가 필요한 건 아니다. 하지만 나는 분명 공동창업자가 필요했다. 나와 공동창업자 샘Sam은 포트폴리오 로직Portfolio Logic이라는 회사에서 4년 동안 함께 일했다. 우리에게는 서로를 보완할 수 있는 기술이 있었다. 샘은 비즈니스 및 비즈니스 모델 전문으로(나는 컴퓨터가 등장하기 훨씬 전에 학교를 다녔다.) 회사 밖에서 나와 친하게 지내는 친구는 아니었지만, 그가 신뢰할 만한 사람이라는 건 알고 있었다. 그리고 그가 나와 함께 어려움을 헤쳐나가 주리라는 걸 알았다. 실제로 우리는 직원들의 급여를 마련하는 데 어려움을 겪은 적이 몇 번 있었는데, 샘이 다른 회사에 정규직으로 취업을 해서 비용을 마련했다.

늘 전진하고 빨리 실패했다

우리가 1세대 제품을 출시하고 두 달쯤 지났을 때, 이 제품으로는 효과를 볼 수 없고, 오래가지도 못하리라는 걸 알았다. 길은 두 가지뿐이었다. 계속 버텨보거나, 아니면 다음 단계로 나아가 제품을 수정하거나. 우리는 기꺼이 후자를 택했다.

불확실성에 침착하게 대처했다

당신은 라마커스 톰슨1800년대 후반 롤러코스터를 개발한 사람의 열렬한 팬이 되어야 한다. 왜냐하면, 창업자가 걷는 길에는 오르막과 내리막이 매우 많기 때문이다. 나는 지금까지 바닥을 쳐본 적은 없지만, 앞으로도 내리막을 많이 만나리란 사실을 분명히 인지하고 있다.

듣고 배웠다

창업자들은 업계에 '필요한 것'이 아니라 업계가 '원하는 것'을 만들어야 한다. 그러기 위해서는 다른 사람들로부터 혜안을 구하고, 달게 비판받는 일도 필요하다. 때로는 타인의 지성에 기대어보라. 우리 주변에는 나보다 똑똑한 사람들이 많다. 나는 이 점을 항상 잊지 않고 있다.

문화를 공유하는 사람과 일하고 즐겼다

열정을 무시하기에는 인생이 너무 짧다. 그것만큼 또 중요한 건 세상의 끝이라도 함께 갈 사람들과 일하고 있는지 확인하는 것이다. 우리는 '서류상 완벽한' 어느 투자자를 만나 마음이 끌렸던 적이 있었다. 그는 레스토랑용 기술 기업을 1억 달러에 매각한 참이었는데 매출 실적이 아주 좋은데다 마침 우리가 자금이 부족할 때 딱 맞춰 투자 제안을 해왔다. 그런데 그 투자자의 가치와 문화가 우리와는 맞지 않았다. 아주 힘든 결정이었으나, 우리는 그의 투자 제안을 거절했다. 결과적으로 우리 사업은 더욱 잘 되었고, 체질도 강해졌다.

마이크 델 폰테 Mike Del Ponte

친환경 정수 필터 디자인 회사 **소마** 창업자 겸 CEO

결과를 만들어내는 20%에 집중하라

결과의 80%가 20%의 원인에서 나온다는 경험 법칙을 한 번쯤 들어보았을 것이다. 매출의 80%가 20%의 고객에게서 나오는 것일 수도 있고, 행복의 80%가 20%의 인간관계에서 나오는 것일 수도 있다. 우리는 이 강력한 진실을 담은 법칙을 그저 알기만 하는 게 아니라 실행해야 한다.

"성공한 사람은 중요하지 않은 일을 미룬다. 성공하지 못한 사람은 중요한 일을 미룬다." 최근에 들은 말인데 회사 생활에서나 사생활에서나 정말 맞는 말이라는 생각이 든다. 당신이 인생과 경력에서 미루고 있는 중요한 일은 무엇인가? 당신이 시간을 허비하고 있는 중요치 않은 일은 무엇인가? 당신 인생에서 없애거나 아니면 다른 사람에게 넘길 수 있는 일은 무엇인가?

우리 회사 소마에서는 업무 수행 시 80/20 법칙을 꾸준히 반영한다. 가장 큰 이익을 가져올 프로젝트를 선별하고, 다른 곳에 위임할 수 있는 일의 목록을 만들고, 사소하지만 꼭 해야 할 일을 자동화하는 시스템을 구축했다. 그랬더니 일의 양은 줄었고, 성취량은 더 커졌다.

Living the 80/20 RULE

"80/20 법칙을 실현하라"

이미윤 Mie Yun Lee

온라인 B2B 계약 중개사 **바이어존** 창업자, 데이터 분석 회사 **리드 비즈니스 인포메이션** 매니징 디렉터

완벽하지 않기 위해 노력하라

창업은 정말 힘든 일이며 감당해야 할 일 또한 만만치 않다고 모두가 나를 걱정했다. 사람들 말에 틀린 건 하나도 없었다. 20년이 지나고 보니 누군가 나에게 '완벽하지 않으려 노력하라'고 조언해 줬더라면 사업의 여정이 훨씬 편했을 것 같다.

완벽하지 않으려 애쓰면 시장에 더 빨리 제품을 내놓을 수 있다. 상품을 내놓지도 않고 다음으로 무엇을 해야 할지 우물쭈물하지 말라. 아직 만들지도 않은 제품의 단점을 고치느라 지나치게 긴 시간을 허비하지 말고, 당신이 해야 할 일을 시장이 알려주도록 맡겨라. 괜찮은 제품이 나왔다면 일단 출시부터 하고 거기서부터 개선해 나가면 된다.

또한 사업을 시작하면 그 누구보다 많은 시간을 쏟아부어야 한다. 해야 할 일을 다 할 수 없을 것이고, 물론 할 수 있는 일도 다 할 수 없을 정도로 시간이 부족해진다. 그러므로 '해야 할 일' 목록에 있는 매 항목에 적당한 수준의 노력을 쏟아야만 더 빨리, 더 멀리까지 갈 수 있다. 거의 완벽에 가까운 결과를 요구하는 일도 몇몇 있겠지만, 중요도가 덜한 일은 적당히 할 방법을 찾아라. 그래야 더 많은 일을

더 빨리 처리할 시간과 에너지를 확보할 수 있다.

마지막으로, 창업한다는 건 엄청나게 많은 실수를 저지를 것이라는 뜻이다. 큰 실수, 작은 실수, 웃긴 실수, 너무 부끄러운 실수 등이다. 그리고 회사의 사장으로서 당신은 그런 실수를 전부 알아차리게 된다. 숨길 데가 없다. 하지만 완벽하지 않으려 애쓰면 실수를 수월하게 받아들일 수 있다. 자책하거나 남을 탓하는 데 지나치게 에너지를 소모한다거나 모든 일을 완벽하게 해내려 애쓰지 말라. 일의 진행 속도를 늦추지 말고, 그냥 흘러가는 대로 따르고, 상황에 맞춰 대응하면서 앞으로 나아가라.

분명히 말해두지만, 일을 대충 처리하는 건 절대 용납될 수 없다. 다만 완벽주의자로서 나를 돌이켜보자면, 회사를 세우고 성장시켜 매각했던 과정에서 마음가짐을 바꾸었더라면 그것만으로도 더 만족하며 일을 즐길 수 있었을 것 같다. 그러니 여러분도 불완전함의 완전성을 포용하라.

제시카 쥬엘 오길비 Jessica Jewell Ogilvie
광고 미디어 매매 플랫폼 **애드바이어닷컴** 공동창업자

성공하는 기업가에게서 찾을 수 있는 공통적인 특징

어떤 유형의 사람이 기업가로 성공하느냐는 질문을 자주 받는다. 10년 전에 이런 질문을 받았다면 나는 내가 '성공할 유형'의 사람은 아니라고 생각했을 것이다. 하지만 2007년 첫 회사를 세웠고, 두 곳 이상의 스타트업에서 초창기 직원으로 일해본 이후 나는 초기 단계를 극복한 기업가들의 모습은 다양하지만 몇 가지 핵심 특징을 공유한다는 걸 알게 되었다.

첫째, 회복탄력성이 높다. 기업가가 되면 거절당하고, 실패하는 일이 생긴다. 만나는 투자자에게서 전부 투자를 얻어내는 기업가는 없다. 처음 만든 모델로 시장에서 히트를 치는 제품 또한 없다. 핵심은 이러한 거절과 실패 경험에서 교훈을 얻는 것, 그리고 그런 경험을 개인적으로 받아들이지 않는 것이다.

둘째, 끈기가 있다. 창업자가 되면 당신 아래에는 아무도 없다. 멋지지 않은 일도 해야 한다. 사무실 가구를 조립하든, 컨시어지 MVPconcierge Minimum Viable Product, 호텔 컨시어지 서비스처럼 창업자가 직접 시장에 나가 서비스를 제공하며 테스트하는 최소기능제품를 직접 시험하든 다른 팀원만큼, 아니 그 누구보다 열심히 기꺼이 소매를 걷어붙

이고 나설 의지가 있어야 한다.

셋째, 변화에 빠르게 적응한다. 초기 사업 계획을 그대로 따르는 회사는 드물다. 최고의 기업가는 시장의 소리에 귀를 기울이고, 사용자와 대화를 나누며, 반응을 잘 살핀다. 어떤 부분이 효과가 있고, 어떤 부분은 효과가 없는지 확인하고 나면 제품이나 서비스에 반영한다. 기업가는 자신의 원래 아이디어를 붙잡고 버티지 않는다.

넷째, 실행에 강하다. 그리고 실행력이 뛰어난 직원이 내는 힘을 안다. 기업가는 일을 해내야 하는 사람이다. 당신과 함께 성취를 위해 돌진할 수 있는 실행력이 뛰어난 사람들로 팀을 구성하라.

다섯째, 초기 단계를 성공적으로 헤쳐나온 기업가들의 마지막 특징은 신뢰하는 공동창업자와 함께하며 이점을 얻는다는 것이다. 공동창업자와 서로 보완할 수 있는 기술을 지녔는가? 서로의 열의가 맞는가? 공유하는 비전이 있는가? 공동창업자를 정하는 결정은 창업자가 내려야 할 결정 가운데 가장 중요한 것이다.

조던 골드버그 Jordan Goldberg

개인별, 단체별 목표 설정과 달성을 지원하는 인터넷 기업 **스틱케이** 공동창업자 겸 CEO

수많은 돌 가운데 집중해야 할 하나의 돌을 골라라

경험 많은 사업가들의 조언은 대부분 뻔하게 들린다. 그러나 내가 젊은 창업가들에게 전하고 싶은 교훈은, 그러한 뻔한 이야기에 진짜 지혜가 담겨 있다는 사실이다. "열정을 지녀라." "집중하라." "실행이 전부다." 여러분 또한 이런 말들을 수없이 들었을 테지만, 그 안의 진짜 의미를 곱씹어본 사람은 드물 것이다.

내가 가장 좋아하는 조언은 누구나 여러 번 들었을 법한 "한 가지 일을 하고, 그 일을 진짜 잘하라."는 것이다. 사업가가 되면 소화할 수 있는 것보다 많은 양을 먹고 싶다는 유혹이 생긴다. 그렇게 하지 말라. 커피 한잔, 맥주 한잔하자는 모든 초대에 응하기는 쉽다. 새로운 방향으로 흔들리기도 쉽다. 그러나 뛰어난 기업가가 다른 사람들과 다른 점은 시간과 에너지를 사용하는 방법에 있다. 나도 여전히 좋은 방법을 찾으려 애쓰는 중이다. "모든 돌을 들춰보라. Leave no stone unturned. 무엇을 찾거나 성취하기 위해 온갖 수를 다 쓰거나 백방으로 손을 쓰라는 뜻 ─ 역주"는 말은 인생의 많은 측면에서 진리에 가깝다. 하지만 사업에서만큼은 그렇지 않다. 당신에게 적합한 돌을 골라라. 그리고 나머지 돌들은 그 자리에 그냥 두어라.

스타트업을 창업하고서 힘든 시간을 보내고 있다면 절망하지 말라. 좋은 소식을 전하자면, 0에서 1까지 가는 바로 그 과정이 가장 힘들다. 처음에는 아무것도 가진 게 없다. 공동창업자도 없고, 직원도 없고, 고객도 없고, 돈도 없다. 누군가를 회사에 데려오려 해도 회사랄 게 없는 상황이다! 나와 내 아이디어, 그리고 열정뿐이다. 마치 우주를 유영하는 우주 비행사처럼 출발해야 할 데가 없다. 음, 이게 바로 창업한 사람들이 결국 큰돈을 버는 이유이다. 이 과정의 어려움을 극복하면 다른 어떤 어려움도 전부 극복할 수 있다. 이제 막 사업을 시작했다면 지금 하는 일만큼 어려운 일은 또 없을 것이다. 이를 위안으로 삼아 전속력으로 나아가라!

실전의 교훈

모든 길이 항상 쭉 뻗어있는 것은 아니다

노아 글래스 Noah Glass
온라인 및 모바일 음식 배달 플랫폼 OLO 창업자 겸 최고경영자

최고의 성공 전략은 인내심이다

벤처 캐피털의 지원을 받아 첫 회사를 막 세운 뒤 엄청난 행운을 만났다. 닷컴 스타트업 시대의 내 영웅과 함께 식사할 기회를 얻은 것이다. 그는 자신만만하고 요점만을 말하는 타입이었는데, 그때 얻은 조언은 여전히 내 마음속에 남아 지난 7년간 좋을 때나 나쁠 때나 나를 이끌어 주었다. 그는 이렇게 말했다.

"자네의 비즈니스 모델에서는 모든 가정이 잘못되었네. 일부 가정은 조금 잘못되었고, 다른 일부 가정은 완전히 잘못되었어. 자네가 할 일은 모든 가정에 의문을 제기하고 목적지까지 가는 동안 잘못된 길을 바로잡는 것일세."

그건 그분이 경험을 통해 힘들게 얻은 지식이었고, 지난 세월 내게 늘 도움이 되었다. 우리 회사인 OLO의 목표(우리의 목적지)는 내가 처음 사업 계획을 그렸을 때나 지금이나 똑같다. 하지만 지금 우리가 있는 곳까지 왔던 길(그리고 여기서부터 앞으로 갈 길)은 내가 상상했던 것과는 완전히 달랐다. 내 비즈니스 모델의 모든 가정이 잘못되었다는 그분의 말씀은 100% 정확했다. 하지만 중요한 가정이 대부분 조금밖에 잘못되지 않았던 것은 행운이었다.

잠시 멈춰 서서 초반에 많은 정보 없이 세웠던 가정을 재평가하려 했던 노력, 새로운 가정을 시험해보기 위해 반복을 거듭하는 과정을 유지했던 끈기, 그리고 목적지를 향해 계속 앞으로 나아가려는 인내심. 이 세 가지가 결국에는 우리를 성공으로 이끌었다.

HOW TO REACH

YOUR
DESTINATION

"어떻게 목표에 도달할 것인가"

제니퍼 카터 플라이스 Jennifer Carter Fleiss

온라인 디자이너 의류, 액세서리 대여 회사 **렌트 더 런웨이** 대표 겸 공동창업자

안 된다는 말의 진짜 의미 : 정말 안 된다는 것이 아니다

기업가가 되면 가장 크게 달라지는 것 세 가지가 있다. 첫째, '안 된다'는 소리를 들어도 아무렇지 않게 된다. 둘째, 자신의 사업 개념 concept에 대해 열정이 샘솟는다. 셋째, 어떤 문제라도 아이디어를 수정함으로써 극복할 수 있는 창의성을 지니게 된다. 그 과정에서 반대의 여지가 있더라도 자신감을 가지고 자신의 사업 개념을 홍보하는 일은 매우 중요하다. 이것은 내가 공동창업자인 제니퍼 하이만 Jennifer Hyman과 함께 회사를 만들며 얻은 핵심 교훈이기도 하다.

새로 사업을 시작하면 당신의 사업 개념에 회의적인 반응을 보이는, 심지어는 결사반대하는 사람들을 분명 만나게 된다. 그러나 누가 봐도 완벽한 아이디어라면 이미 시장에 나와 있을 가능성이 크고, 당신이 진입해서 얻을 수 있는 경쟁우위나 진입장벽은 그리 크지 않다! 기업가는 사업 개념을 소개하는 단계든, 아니면 회사를 계속 성장시키는 중이든 끊임없이 제품을 홍보해야 한다. 소비자에게 홍보하고, 납품업체에 홍보하고, 현재 혹은 미래의 직원에게 홍보하고, 투자자, 고문, 이사회 구성원, 사업 파트너, 심지어 스스로에게도 홍보해야 한다.

이처럼 '안 된다'는 소리를 아무렇지 않게 들을 수 있어야 하는 데 더하여, 사업가는 인내하는 법도 알아야 한다. 회사를 처음 세웠던 사업 초창기에는 공동창업자인 제니퍼가 지닌 영업 경험이 엄청난 도움이 되었다. 그녀는 누군가와 이야기를 나눌 때는 듣는 사람이 누구인지 알아야 하고, 상대에 맞춰 내용을 달리 설명해야 하며, 무엇보다도 '안 된다'는 대답을 절대 받아들이지 않는 게 중요하다고 내게 알려주었다.

당신 혹은 당신의 아이디어에 믿음이 없는 사람들의 이야기에 기죽지 말라. 사업가라면 자신의 사업 개념에 대한 열정을 지니는 한편, 사업 개념을 창의적으로 수정함으로써 문제를 극복할 수 있어야 한다. 그런 의미에서 회의적인 사람과의 대화는 배움의 경험으로 삼을 수 있다. 아이디어를 전환할 힌트를 얻을 수 있기 때문이다. 그렇지 않다면 대화 상대에 맞춰 설명하는 형식을 바꿀 것을 추천한다. 만약 당신이 할 일을 제대로 해낸다면 '안 된다'는 말은 정말 '안 된다'는 의미가 아니라, 단지 '지금은 때가 아니다'라는 의미가 될 것이다.

우리가 사업 파트너로 삼고 싶었던 디자이너들에게 렌트 더 런웨이의 사업 개념을 처음 설명했을 때의 일이다. 디자이너들은 소매가의 15%로 의상을 대여하는 이 서비스로 인해 자사의 매출이 감소하지 않을지, 브랜드 이미지에 악영향을 주는 건 아닌지 우려를 나타냈다. 공동창업자였던 제니퍼 하이만과 나는 다이앤 본 퍼스텐버그Diane von Furstenberg(미국패션디자이너협회 회장이자 업계에서 발이 넓은 디자이너이며, 오랫동안 우리의 롤모델이었다.) 같은 디자이너들로부터 이런 피드백을 듣고 몹시 낙심했다. 우리가 생각하는 꿈의 디자이너 앞에서 사업 개념을 발표했는데, 이런 공급 관계는 불안정하다느니 하는 소리만 듣다니. 처음에는 얼마나 낙담했는지 모른다. 그러나 이내 우리는 마음을 다시 가다듬었다. 회의적인 피드백에 굴하지 않은 채 우리 사업은 계속될 수 있다는 생각을 견지했고, 우리가 디자이너와의 관계에 접근하는 방식을 다시 그려보았다. 스스로 계속 동기를 부여하면서, 동시에 사업 개념을 다시 생각하고 거듭 수정하고 시험했다.

최고의 디자이너들이 이처럼 회의적으로 생각했는데도 어떻게 그들을 설득할 수 있었을까? 그보다 더 중요한 건 우리 사업이 실제로는 디자이너들에게도 도움이 되리란 믿음을 어떻게 주었을까? 우리는 사업 개념을 재구성하여 소비자가 렌트 더 런웨이를 통해 디자이너 브랜드의 옷을 경험할 수 있으므로, 우리의 서비스가 결국 디자이너들의 브랜드 마케팅 통로 역할을 하리라는 답을 내놓았다. 우리의 목표 고객층은 실제 디자이너 브랜드를 이용하는 고객층보다 연령대가 낮다. 이들이 부담할 수 있는 가격선에서 고급스러운 디자이너 브랜드의 제품을 경험하면 그 기회를 통해 브랜드에 대한 좋은 기억을 갖게 되고, 이에 따라 나이가 들어 구매력이 향상되었을 때 과거 좋은 기억이 남았던 브랜드를 다시 찾게 된다는 논리이다.

생각해보면 우리 회사가 성공할 수 있었던 건 사업 개념을 재구성했을 뿐 아니라 인내심을 가졌기 때문인 것 같다. 우리는 다이앤 본 퍼스텐버그를 다시 찾아가고, 찾아가고…, 또 찾아갔다. 수백 개의 다른 브랜드에도 마찬가지였다. 브랜드마다 적어도 열 번씩 회의를 했고, 디자이너들이 저마다의 속도로 일하는 걸 기다렸다. 그리고 우리 회사의 서비스에 마음을 열고, 마침내 우리에게 제품 판매를 허락할 때까지 상당한 인내심으로 견뎠다. 현재 렌트 더 런웨이는 170명 이상의 디자이너와 사업 파트너로 일하고 있으며, 여전히 이들과의 관계 강화를 위해 노력하고 있다. 하지만 지금까지 회사를 키울 수 있었던 가장 중요한 요인은, 창업자인 우리가 수천 번의 '거절'에 굴하지 않고 사업에 대한 믿음을 계속 가지고 발전시켜

왔기 때문이다.

회사를 세우고 나면 많은 굴곡을 겪게 된다. 모든 사람이 당신의 아이디어를 좋아하진 않겠지만, 부정적인 반응은 배우고 변화할 기회이다. 분명 힘든 시간이 기다리겠지만, 훌륭한 파트너와 힘이 되는 팀도 어려움을 헤쳐 나가는 데 큰 도움이 된다.

피트 랜드Pete Land
웹사이트 제작 및 영상제작 회사 **타마락 미디어** 파트너 겸 공동창업자

일 중독은 필요 없다

직접 회사를 경영하기 시작하면 사생활과 일 사이의 경계가 흐릿해진다. 회사에서 일어나는 모든 일은 궁극적으로 내 책임이라는 생각이 든다. 그래서 근무시간이 아닐 때도 강박적으로 이메일을 확인하고, 모든 메일에 강박적으로 회신한다. 이렇게 빠르게 반응을 보이면 사람들로부터 의지할 수 있고, 신뢰할 만하다는 평판을 얻게 된다. 하지만 동시에 당신의 인간관계, 건강, 온전한 정신 상태는 위험에 처한다.

반드시 일에서 벗어나는 시간을 가져야 한다. 저녁 식사를 하러 나간 동안에는 스마트폰을 꺼라. 집에서는 방 하나를 스마트 기기 금지 구역으로 정하라. 매년 여름 2주간 자연의 품에 몸을 맡겨라. 반려자와 함께 한 달간 여행을 떠나라.

일에서 벗어나는 시간은 사생활에만 도움이 되는 게 아니다. 업무상 큰 그림을 그리기 위한 질문도 생각할 여유가 생긴다. 그리고 일에 열정을 다하는 생활을 지속할 연료가 되며, 동료나 고객들과 관계를 이어나갈 방법도 늘어난다.

UNPLUG FROM YOUR

WORK

"업무 모드 OFF : 일의 플러그를 뽑아라"

윌스 칩 아른트 주니어Wills "Chip" Arndt, Jr.

벤처 캐피털 회사 **아른트 스트래티지스** 매니징 파트너

큰 계약으로 이어지는 영업의 요령과 투자에 대한 조언

기업가가 되어 맨주먹으로 사업을 시작하고 나서부터 지금까지 내가 얻은 조언 중 최고의 조언은 나의 친한 친구로부터 들은 것이었다. 그는 당시 막 등장한 <뉴욕타임스New York Times> 온라인판에서 광고 영업을 담당했는데, 내게 이런 말을 해 주었다. "작은 성공을 초기부터, 한 번에 하나씩 달성하는 것이 수익성과 훗날의 큰 성공을 위한 가장 빠른 길이야."

보통 사람들은 누군가 사업을 한다고 하면 이런 모습을 떠올린다. 어느 날 불현듯 놀라운 비전이 떠오른다. 사업가는 하룻밤 사이에 그 비전에 믿음을 가지고, 즉시 대형 고객을 유치해 제품을 판매하거나 긴밀한 주요 전략적 제휴 관계를 맺는다. 환상적인 스토리인 동시에, 시장의 신뢰를 얻고 수익을 낼 가장 빠른 길처럼 보인다. 하지만 안타깝게도 99%의 사업가들은 이런 경우에 해당하지 않는다.

대기업 혹은 사람들이 알 만한 주요 고객사에는 다른 우선순위 협력사가 있기 마련이다. 설사 담당자가 당신의 회사와 손을 잡기로 마음먹더라도 많은 의사결정자의 승인을 거쳐야 한다. 대개는 시장에서 큰 반응이 있을 때에야 대기업과 계

약을 맺게 되는 것이 현실이다.

그러므로 사업가는 대기업과의 계약을 비롯한 큰 기회를 추구하는 동시에, 소규모 고객사와 전략적 사업 파트너를 구하기 위한 사업 개발 및 영업 노력 또한 쉬지 않아야 한다. 이렇게 해야 대형 고객사나 파트너사를 찾아가 영업할 때 시장 상황이 얼마나 진척되었는지, 판매는 얼마나 늘었는지 어필할 수 있다. 그러면 상대방도 무언가 놓친 게 없는지 생각하며 당신 회사와의 계약을 보다 진지하게 검토할 것이다.

정리해보자. 크게 생각하고, 수익성에 빨리 도달하기 위해 작은 계약을 많이 성사시켜라. 일단 수익을 내기 시작하면 다른 모두가 주목할 것이다.

한 가지 더 : 바른 투자금과 그릇된 투자금을 구별하라

덧붙이고 싶은 조언은, 아무에게나 투자받지 말라는 것이다. 스타트업을 시작할 때 겪게 되는 가장 큰 어려움은 역시 창업 자금을 조달하는 일이다. 이런 이유로 많은 창업자들이 자금을 빨리 구할 수만 있다면 누구의 투자금인지 가리지 않고 받으려 한다. 하지만 이건 정말 잘못된 생각이다.

성공적인 기업을 만들어가는 긴 여정에 신념을 가지고 함께 할 믿을 수 있는 투자자의 '바른' 투자금을 구해야 한다. 반면 '그릇된' 투자금은 향후 사업이 잘 풀리지 않을 때 소란의 불씨가 되고(투자자의 사업 압박, 불화, 법적 소송, 그리고 투자자의 기대를 고려하는 데 써야 하는 엄청난 시간), 이는 보통 폐업으로 이어진다.

내가 경험에서 얻은 법칙은 간단하다. 당신의 회사에 투자하겠다고 제안한 사람이 마음에 들지 않거나 신뢰할 수 없다는 직감이 들면 다른 투자자를 찾아라. 좋은 아이디어에 투자하려는 자금은 항상 존재한다. 시간이 조금 더 걸리더라도 '바른' 투자금을 구하라. 과거 투자 이력이 괜찮은지 확인하고, 서로 신뢰할 수 있는 투자자의 투자만 받아라. 스타트업 회사는 계속해서 장애물을 경험하고, 예측할 수 없는 문제에 부딪히게 된다. 그러므로 인내심이 강하고, 당신의 회사가 어떤 회사인지 이해하며, 무엇보다 빨리 돈을 벌려는 목적으로 투자하지 않는 투자자를 선택해야 한다! 사업을 키우는 데는 시간이 걸린다. 그러므로 창업자는 좋은 경영진을 물색하는 것만큼의 시간을 쏟아 올바른 투자자를 찾아야 한다!

RIGHT MONEY

vs

WRONG MONEY

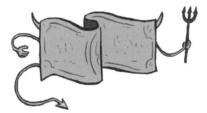

"좋은 투자금 vs. 나쁜 투자금"

케이트 해리슨 Kate L. Harrison
온라인 웨딩 관련 서비스 회사 **그린 라이프 가이드** 창업자 겸 CEO

회사를 세우기 전에 미리 알았더라면 좋았을 열 가지

당신과 나는 아마도 그리 비슷한 사람은 아닐 것이다. 이 책을 읽고 있는 독자라면 창업해 기업가가 되고 싶은 사람일 가능성이 크다. 하지만 나는 아니었다.

우리 회사는 내가 대학원에 다닐 때 썼던 자연 친화적 결혼식에 관한 책에서부터 출발했다. 책의 내용을 계속 업데이트하기 위해 블로그를 시작했고, 그 블로그가 웹사이트가 되었다. 웹사이트의 방문자 수가 늘어나는 걸 보고 나는 경영대학원에서 창업 계획 수업을 신청했다. 시장에 대해 배우고, 내 웹사이트를 웨딩 업계의 지형에 어떻게 맞출 수 있을지 배우고 싶었기 때문이다. 우리 팀이 세운 사업 계획이 경쟁팀 2개를 물리쳤을 때, 그리고 내가 예일 창업지원 협회의 여름 프로그램에 합격했을 때 나는 용기를 내 그동안 쌓아온 환경정책 분야의 경력을 버리고 스타트업을 경영해보기로 마음먹었다. 그런데 딱 하나 문제가 있었다. 내가 세운 사업 계획대로라면 100만 달러가 넘는 자금이 필요했는데, 때는 2009년 여름, 금융위기의 한 복판이었다. 그러니 내가 무슨 일을 벌인 건지 나조차도 몰랐다.

지난 3년간 나는 초기에 필요했던 것보다 더 많은 투자금을 모았다. 그리고 내가 만들었던 웹사이트는 웨딩 업계에서 선도적인 친환경 브랜드가 되었다. 하지만 이렇게 되기까지 내가 세운 계획대로 된 일은 별로 없었고, 생각지도 못한 기회와 어려움은 매년 찾아왔다. 배움의 속도는 빨랐고, 적어도 백 번은 실수를 저지른 것 같다. 그리고 미래는 여전히 불투명하다. 하지만 한 가지 분명하게 말할 수 있는 건 내가 지금 몹시 즐겁다는 것이다!

지금까지 걸어온 길을 돌아보면 내가 배운 여러 교훈이 떠오른다. 아마 다른 사람에게도 도움이 될 거라 생각한다. 내가 회사를 세우기 전에 미리 알았더라면 좋았으리라 생각하는 사업의 진실 열 가지를 소개한다.

아무리 긴 시간과 추가 비용을 계산했다 해도 실제로는 그보다 더 긴 시간과 더 많은 비용이 든다

교수님이 우리 회사를 세우려면 100만 달러가 넘는 자금이 필요하다고 말씀하셨을 때, 나는 말 그대로 크게 웃음을 터뜨렸다. 100만 달러라니, 너무 큰돈이라서 투자자에게 달라고 요구하기는커녕 내가 쓰는 모습도 상상할 수 없었다. 그런데 3년이 지난 지금 나는 100만 달러 이상의 투자금을 모았다. 그런데도 자금이 충분하지 않다! 사업이란 모든 면에서 당신이 생각할 수 있는 것보다 비용이 더 많이 들고, 시간도 더 오래 걸린다. 아무리 정확히 예상하여 확실한 결과를 내는 놀라운 사람(즉, 유니콘 같이 비현실적인 사람들)과 함께 일한다 해도, 예측할 수 없는 기술적 어려움은 나타나기 마련이다. 만족할 만한 결과를 얻으려면 프로젝트의 '범위 추가scope creep'는 피할 수 없다. 누군가는 내게 이렇게 조언했다. "예상을 정확히 하려면 비용은 두 배로 잡고, 완료 예정 시간 뒤에는 0을 하나 더 붙여야

해. 실수가 나올 시간을 고려하고, 투자자들이 추가 자본을 투입할 준비가 된 것인지 확인해야 하기 때문이지."

최고 경영자의 업무는 투자금 조달 50%, 행정 및 프로젝트 관리 40%, 파트너 관리 5%, 그리고 손을 떼야 하지만 계속 도울 수밖에 없는 프로젝트의 일 5%로 이뤄진다

나는 글쓰기를 좋아한다. 계약 맺는 걸 좋아하고, 새로운 시스템을 알아보는 것도 좋아한다. 디자인도, 마케팅도, 사용자 경험 관련 업무도 좋아한다. 하지만 슬프게도 이제 어느 것도 내 담당 업무가 아니다. 나는 최고경영자이다. 그 말은 내가 할 일은 비전을 제시하고, 그 비전을 실현할 자금을 조달하고, 직원들이 비전을 실현하는 걸 도와야 한다는 뜻이다.

최고경영자가 되는 걸 부모가 되는 것에 비유하는 이야기를 들은 적이 있다. 한 명의 아들과 한 회사의 어머니로서 내가 경험해보니 맞는 이야기다. 부모나 최고경영자나 헌신과 사랑을 쏟아야 하고, 개인적인 희생이 엄청나게 필요하다. 목표를 이루려면 매일의 결과가 아니라 장기적인 결과에 신경 써야 하고, 힘든 시기에도 계속 앞으로 나아가야 한다. 회사가 움직이는 데 필요한 매일의 일을 다른 직원에게 넘기고, 일상의 일을 하는 사람에서 감독하는 사람으로 변하는 건 어렵다. 하지만 업무 위임을 하지 못하면 회사는 결코 당신 이상으로 커질 수 없다. 여기서 배워야 할 교훈이라면 당신은 신뢰할 수 있는 사람을 찾아, 잘 교육한 다음 그들에게 일을 맡기고 물러서야 한다는 것이다.

제품이나 서비스를 출시했다고 해서 반드시 성공이 따르는 건 아니다

좋은 상품이나 웹사이트를 만들었다고 해서 성공을 거두는 경우는 드물다. 제품에 관해 입소문이 났다고 해서 그것만으로 실제 매출이 발생하는 건 아니듯 말이다. 회사의 상품이 원하는 자리까지 가려면 많은 도움이 필요하고, 오랜 시간과 많은 돈이 필요하다. 강력한 마케팅 계획과 더불어 이상적으로는 훌륭한 공동 창업자, 최고 마케팅 책임자, 아니면 세계적 수준에 있는 회사의 도움이 필요하다. 사업 계획은 그 자체만으로 실행되는 게 아니다. 사업 모델 안에 나타난 성장의 모든 신호가 실제 생활의 마케팅 활동과 연결되어 있는지 확인하는 일이 중요하다.

방문객 수와 매출은 일치하지 않는다

웹사이트에 들르는 방문객이 점점 많아진다고 해서 그에 비례해 판매가 늘어날 것이라 기대하지 말라. 웹사이트를 방문하는 사람들에는 여러 유형이 있고, 방문이 실제 구매로 이어지려면 적절한 유형의 방문객을 끌어야 한다.

방문객 수가 많다고 해서 광고로 연결되는 건 아니다

우리 회사는 미국에서 가장 방문객이 표적화된, 프리미엄 웹사이트를 운영하고 있다. 우리의 웹사이트를 방문하는 사람은 25~35세 사이의 부유층 여성들로, 환경 친화적인 제품에 관심이 많고, 청년기 최대의 구매를 목전에 두고 있다. 이런 조건에도 불구하고 우리 회사 웹사이트의 광고주를 찾는 건 정말 어려운 일이다. 전국을 대상으로 광고하는 광고주를 일으려면 웹사이트 방문자 수가 매달 수십만 명에 달해야 한다. 그런데도 CPM(cost per thousand. 웹페이지를 1,000뷰 하는 데 드는 비용) 조회 수는 상대적으로 적다. 온라인 웹사이트의 숫자가 폭발적으로 늘어났고, 온라인 광고에 투자하는 광고비 지출은 상대적으로 정체된 상태이므로 가능하다면 웹사이트 노출 광고 매출은 사업 모델에서 완전히 제외할 것을 권한다. 그런 광고를 잘 팔 수 있다면 추가적인 매출 증가가 가능한 항목 정도로 생각하면 좋겠다.

고객 목록을 구매해서 효과를 보는 경우는 거의 없다

처음에는 고객 목록을 사용하는 편이 효율적으로 사업을 확장하는 쉬운 방법이라는 생각이 든다. 그러나 고객 목록을 판매하는 대부분 회사는 비윤리적 영업 활동의 경계에 있을 뿐 아니라, 그들이 파는 목록의 고객 대부분은 당신이 하는 이야기를 듣고 싶어 하지 않을 것이다. 당신의 회사에 관심이 있거나 잠재 고객이 될 만한 사람들을 추려 적법하게 목록으로 만들 방법도 많다. 고객 목록을 사는 대신 이런 적법한 방법을 알아보라. 목록화 작업에 초점을 두는 마케팅 회사도 있으므로, 그런 회사의 도움을 받는 것도 좋겠다.

사업을 확장하기 전에 먼저 한 가지 사업을 잘하라

기업가는 창의적이고 활력이 넘치며 '예스'라고 말하는 걸 좋아한다. 또한, 큰 꿈을 꾸는 몽상가이다. 기업가로서 가장 하기 힘든 일은 '노'라고 말하는 것, 그리고 지금 하고 싶은 일을 나중으로 미루는 것이다. 친환경 웨딩 사업을 시작했을 때 내게는 분명한 비전이 있었다. 남다른 장소에 우리 회사의 아이디어, 제품, 그리고 서비스를 함께 내놓는다는 것이었다. 그래서 나는 이 세 가지를 동시에 개발하기 시작했다. 그랬더니 하나하나의 개발 효과성이 전부 낮아졌다. 첫 제품이나 첫 시장을 신중하게 선택하고, 하나를 완벽하게 마무리 지을 때까지 다음으로 넘어가지 않도록 하라.

창업에 앞서, 회사를 경영하는 일이 당신의 일상에 어떤 의미를 지닐지 생각해보라

모든 회사에는 각자 다른 어려움과 다른 요구사항이 있다. 콘텐츠를 중심으로 하는 웹사이트를 운영하는 회사에는 작가와 유통 네트워크, 광고 담당자가 필요하다. 쇼핑 사이트를 운영하는 회사에는 창고, 고객 상담사와 반품 담당자가 필요하다. 제조업체 직송 사이트에서는 원격으로 공급업체를 관리하는 능력과 오래된 재고 정보, 그리고 고객의 혼란스러움을 덜 수 있도록 설명을 담당해 줄 직원이 필요하다. 웹사이트 목록 서비스를 제공하는 회사에는 여러 명의 영업 담당자와 정교한 고객 관계 관리CRM 시스템, 반복 자동 결제 시스템과 거래업체의 프로필 등록을 도와줄 고객 서비스 담당 직원이 필요하다. 제조업은 그 자체로 여러 어려움을 가지고 있다.

당신의 회사를 떠올렸을 때 어떤 유형의 어려움을 겪게 될지, 그것이 개인적으로 헤쳐 나가고 싶은 유형의 어려움인지 생각해보라. '그렇다'는 대답을 얻었다면 어려움을 극복할 명확한 계획을 세우고, 비슷한 상황의 사람들과 이야기를 나눔으로써 어떤 어려움을 겪고 있으며, 어떤 해결책이 있는지 알아보라.

벤치마크할 방법을 찾고, 모든 걸 측정하라

어떤 방식이 효과가 있는지 알려면, 그리고 투자 대비 수익ROI을 계산하려면 신뢰할 만한 자료가 있어야 한다. 전시장에서 엽서를 건넸든, 파트너 회사의 웹사이트에 광고를 실었든, 투자한 시간과 금액에서 얻은 결과를 추적하라. 실제 결과가 어땠는지 더 많이 알수록 더욱 효율적으로 일을 진행할 수 있다.

분기에 한 번씩은 회사 일에서 잠시 벗어나라

쓸 수 있는 시간을 전부 일에 쏟으면(혹은 곧 그렇게 될 것 같다면) 큰 그림을 보기 매우 어렵다. 몇 달에 한 번씩 정신적 여유를 가지는 일도 사업을 진척시키는 데 중요하다. 창업하고 나면 진짜 휴가 같은 건 없다. 내 경험상 장담할 수 있다. 마음 놓고 눈을 감는 순간도 허락되지 않는다. 하지만 가족과 함께 등산을 가든, 아니면 혼자 방에 있든, 시간을 정해 회사 일에서 잠시 벗어나니 큰 변화가 느껴졌다. 한 걸음 뒤로 물러나서 보면 지금 무엇을 하고 있는지 분명하게 알 수 있고, 덕분에 장기적으로 보면 시간과 돈을 아낄 수 있다.

세스 골드만Seth Goldman

유기농 음료 회사 **어니스트 티 공동창업자 겸 최고 차 경영자(TeaEO)**

경영대학원에서는 배우지 못했던 실전의 깨달음

나는 내가 법학전문대학원을 나와 정치에 입문할 거라 생각했었다. (아마 우리 어머니도 그렇게 생각하셨을 게 분명하다.) 하지만 우연히 사업도 정치만큼 우리 사회를 바꿀 수 있는 강력한 도구라는 것, 그리고 거기에 정치보다 더 창의적인 부분이 있다는 걸 알게 되었다. (갈증을 해소해 주는 건 말할 필요도 없다.)

2년간 예일 경영대학원에 다니면서 많은 걸 배웠다. 그때 한 공부는 내가 최고 차茶 경영자로서 효과적으로 일하는 데도 큰 도움이 되고 있다. 사실 뉴헤이븐에 있는 예일 경영대학원에 진학할 당시 나는 이미 마케팅에 정통하고, 팀을 관리하는 방법에 관해서도 알고 있었다고 생각한다. 그럼에도 학교를 다닌 덕분에 나는 재무제표와 사업 전략에 능숙해졌고, 이는 투자자들의 신뢰를 높이는 데 일조했다. 게다가 투자자들은 내 학벌을 보고 투자에 자신감을 얻었다.

하지만 경영대학원 수업에서 배우지 못한 것도 있다. 지금부터는 내가 기업가로서 직접 경험하며 힘들게 깨달은 '성공하는 기업가의 네 가지 핵심 비결'에 관하여 정리하고자 한다.

영업이 1번이다

경영대학원에서는 때로 영업의 중요성을 평가 절하한다. 영업은 '경영학 석사'가 갖출 기술이라고 생각하지 않기 때문이다. 경영대학원에서는 몇 시간이나 들여 마케팅의 포지셔닝 차트나 현금흐름표를 공부하지만, 판매를 마무리짓는 방법으로써 가장 기본적이고 필수적인 부분은 대개 간과한다. 만일 우리 회사에서 경영학 석사 프로그램을 개발한다면, 영업 관련 과목으로 다음과 같은 주제를 다룰 것이다.

'약속 잡기 : 스토킹, 괴롭힘, 끈기의 순수예술.'

'음료가 차갑습니까? 모든 세부사항을 포함했는지 점검하는 법.'

'고객과 유대 관계 맺기 : 구매 담당자의 딸은 어떤 운동을 하는가.'

'친환경, 그리고 건강을 추구하는 제품이 좋다 : 당신의 사업에도, 지갑에도.'

훔치는 자가 있다

생각해보면 내가 순진했다. 회사를 세우고 사업 초창기에 우리는 협력관계를 맺고 싶다며 접근해온 잘 모르는 유통업자들에게 여러 번 사기를 당했다. 그들은 우리 음료를 들고, 사라졌다. 소송을 걸어야 할 정도로 큰돈을 잃은 적은 한 번도 없었지만, 거의 그 지경까지 갔던 적이 몇 번이나 된다. 사업을 막 시작한 창업자는 단돈 1달러도 아쉬운 법이다.

신규 고객이라면 대금의 최소 50%는 반드시 선불로 받거나 아니면 신용 조회를 해보라. 물류비가 다소 비효율적으로 발생하더라도 처음에는 소량 거래부터 시작하길 권한다.

스프레드시트는 거짓말을 한다

음, 스프레드시트가 진짜 거짓말을 하는 건 아니지만, 경영대학원에서 매출 전망과 가정을 지나치게 강조하는 바람에 경영학 석사 출신 기업가들이 실제로 그걸 믿기 시작하는 게 문제이다. 노트북 앞에서 보내는 시간이 너무 길다는 건 영업 담당자가 한 명 줄어든다는 소리이다! 그리고 스프레드시트는 한 건의 계약을 성사시키기 위해 흘리는 땀과 노력을 고려하지 않으며, 어쩔 수 없이 발생하는 유쾌하지 않은 사건들, 이를테면 돈을 내지 않는 고객이 있다거나, 노스다코타에서 열차 한 량을 가득 채운 음료가 얼어붙었다거나, 병 포장 공장의 보일러가 고장이 났다거나, 음료수의 라벨이 거꾸로 붙었다거나 하는 일(무슨 말인지 알 거라 생각한다.)은 고려하지 않는다.

이를 위해서는 일단 연간 매출 예상량을 세우고 나서, 매출은 40% 줄이고 비용은 50% 늘려라. 그리고 그럴 때 버틸 수 있는 현금이 확보되어 있는지 확인하길 권한다.

사업은 경영대학원에서 이야기하는 것보다 훨씬 재미있고, 영감을 주며, 힘찬 일이다

경영대학원 교실은 지나치게 분석적인 분위기에 말이 없는 곳인 경우가 많다. 반면 우리 회사에서는 사람들을 놀라게 하고, 즐겁게 만드는 신상품을 개발하는 걸 좋아한다. 어니스트 티의 차를 새롭고 신선한 방식으로 입소문 내기를 좋아하고, 우리 집 부엌 싱크대에서 시작한 아이디어를 확장해 전국 10만 개 이상의 가게 진열장에 오르게 되었다는 사실을 자랑스럽게 여긴다. 마지막으로 우리는 회사가 성장하면서 사회 문제, 환경 문제를 다루는 사명 중심의 차세대 사업을 이끌게 되어서 기쁘다. 정치 지도자들은 더 나은 세상을 만드는 일에 그다지 적극성을 보이지 않고 있지만, 오늘날 새로 등장한 기업가와 사회 기업가들이 이제 막 그 일을 시작하고 있다.

리 머지Lee Mergy

경영 컨설팅 회사 **갤트 앤드 컴퍼니** 공동창업자 겸 시니어 매니징 디렉터

자신을 언제나 구두 닦는 사람으로 생각하라

2003년 나는 두 명의 사업 파트너와 함께 갤트 앤드 컴퍼니를 세우기 위해 다니던 회사를 그만두었다. 지금 갤트 앤드 컴퍼니는 선도적인 전략 및 조직 컨설팅 회사로서 경영 관리를 잘하는 기업이 우수한 주주 환원 정책을 만들고 유지할 수 있도록 돕는 일을 한다. 하지만 우리가 막 창업했을 때 기댈 것이라고는 각자의 개인적인 평판뿐이었다.

어떻게 회사를 세워 구성할 것인가에 관해 깊이 생각하고 있을 때 내가 받았던 최고의 조언은 '자신을 언제나 구두 닦는 사람으로 생각하라.'는 것이었다. 이 말은 구두 닦는 사람이 장사를 대하는 마음가짐으로 자신의 회사를 돌보라는 의미이다.

고객에게 초점을 맞추고, 겸손하라

어떤 사업이든 고객을 섬기는 일이다. 고객의 니즈를 얼마나 잘 만족시키는지,

그리고 계속 만족시킬 수 있는지로 자신의 사업을 차별화하라. 내 아이디어나 제품에 푹 빠져 그건 '저절로 팔릴 것'이라 믿지 말라. 항상 더 나은 제품과 아이디어가 어딘가에 숨어 있는 법이다. 당신의 아이디어를 성공으로 이끄는 건 고객들에게 당신은 그저 판매하는 제품이나 서비스를 뒤에서 지원하는 사람이라는 걸 설득할 수 있는 개인적인 능력이다.

감정 자본을 채워라

공동창업자들과 나는 사업을 시작하기 전에 우리 생각에 회사가 수익을 내기 전에 들 비용과 번 레이트burn rate, 스타트업이 현금으로 지불하는 창업비용·연구개발비·기타 비용의 비용 —역주를 계산하는 데 많은 시간을 들였다. 하지만 실제로 사업을 시작했을 때 진짜 소모되었던 건 감정이었다. 실망스러운 일, 감정적으로 허탈한 일이 생길 것에 대비하고, 스타트업이라면 누구나 겪는 불확실성을 맞이할 감정적 준비가 된 사람을 사업 파트너로 선택하라.

정말 중요한 일에만 집중하라

많은 스타트업 회사가 새로운 사업을 벌일 때 따르는 부수적인 일들로 인해 산만해진다. 당신의 제품을 고객에 전달하는 데 핵심적인 역할을 하는 일에만 집중하라. 사업이 구체화하기 '전에' 건물이나 기반 시설, 네트워크에 과도한 투자를 하는 경우가 너무 많다. 그렇게 세워놓은 것들을 사업으로 유지할 수 있기를 진짜 '바라는 마음'만으로 말이다. 결과적으로 그 회사는 결코 초기 투자 비용을 회수

할 수 없다. 태양광 패널 제조 회사 솔린드라_{Solyndra}가 태양광 사업의 미래 수요가 엄청날 것이라는 기대감으로 장비 시설을 갖추는 데 수억 달러를 썼었다는 사실을 생각해보라. 그저 빠른 파산을 불러왔을 뿐이다.

자신의 운명을 통제하는 데서 오는 가치를 알라

창업 초기에 우리는 여러 스타트업에 투자한 경험이 있는 사모펀드 고문으로부터 훌륭한 조언을 얻었다. 그는 우리 회사가 지닌 사업 제안서의 차별성과 우리의 운명을 스스로 통제하는 데서 오는 장점을 우리 스스로 과소평가하고 있다고 이야기했다. 지나고 나서 보니 그의 격려는 정말 소중한 것이었다. 어떤 고객에게 어떻게 서비스를 제공할지 우리가 통제하자, 고객사에 더욱 뛰어난 결과물을 안겨줄 수 있었고, 덕분에 과거 일했던 회사에서보다 훨씬 더 좋은 브랜드 평판을 얻었다. 다른 사람을 위해서가 아닌 나 자신을 위해 일할 용기를 가진다면, 그래서 운명을 스스로 통제하게 되면 감정적·재정적 혜택이 따른다는 말은 결코 과장이 아니다.

나와 공동창업자가 함께 갤트 앤드 컴퍼니를 시작한 지 10주년이 되는 오늘날까지도 나는 이런 마음가짐을 유지하고 있다. 지난 10년간 우리 회사는 안정적으로 성장해왔다. 힘든 경제 환경 속에서도 말이다. 그건 바로 우리가 회사를 처음 시작했을 때 받았던 조언의 핵심을 잊지 않고 끊임없이 거기에 초점을 맞추려 했기 때문이다.

YOU ARE ∞ ALWAYS A SHOESHINER

"언제나 구두 닦는 사람이 되어야 한다"

미쳤다는 것보다 더한 칭찬은 없다

우리는 불확실성의 시대를 산다. 우리가 다니는 회사도, 우리의 일자리도 절대 안전하지 않다. 살아남으려면 계속해서 나를 재창조해야 한다. 대기업에서 일하든, 비영리단체에서 일하든, 가족 소유의 회사에서 일하든 우리는 재빠르고, 변화에 잘 적응하며, 대담한, 그리고 약간은 미친 사람이 되어야 한다. 누구나 창업자처럼 생각하고 행동해야 한다.

그렇다면 창업자란 과연 사람일까? 괴짜 천재여야만 멋진 스타트업을 만들어 성공할 수 있는 걸까?

후드 티는 필요 없다

20년 전에는 '창업가'라는 단어가 사람들 입에 그리 많이 오르내리지 않았다. 그래서 대부분 사람은 창업가라는 단어를 들으면 주로 실리콘 밸리에 살면서 후드티를 입고 다니는 젊은 남성이 이끄는 고성장 기업을 떠올리곤 했다.

그러나 오늘날에는 창업가가 되기 위해 후드티를 입을 필요가 없다. 이 말인즉 슨 누구든 창업가가 될 수 있다는 뜻이다. 그리고 꼭 회사를 세워야만 창업가가 되는 것도 아니다. 지하실에서 만든 수공예품 판매에서부터 회사 내에서 새로운 계획을 제안하며 비영리 모임을 시작하는 것까지, 어디서든 대담한 모험을 하는 사람은 창업가가 된다. 아이디어를 다듬고, 비판을 누르며, 후원자를 모집하고, 일에 차질이 발생하면 해결하는 기술은 모든 영역의 일에 적용된다. 창업가가 되려고 후드티를 입을 필요가 없는 것이다!

미쳤다는 말은 칭찬이다

미쳤다는 소리를 듣지 않고 세상을 뒤집어 놓을 수는 없다. 유명한 기업가도 그런 소리를 들었다. 사람들은 자동차왕 헨리 포드Henry Ford를 '미친 헨리Crazy Henry'라 불렀고, 월마트Walmart를 두고 '샘이 내놓은 또 다른 미친 아이디어일 뿐'이라고 했다. 그뿐만 아니라 크로락스Clorox, AT&T, ESPN을 이끌었던 창업가들처럼 기존에 있던 회사 내에서도 새로운 계획을 추진하려는 사람은 그런 소리를 들어야 했다.

20년 전에는 나도 미쳤다는 소리를 들었다. 그래서 그 소리를 좌우명으로 삼기로 했다. 미쳤다는 소리는 칭찬이다. 만약 미쳤다는 소리를 듣지 않는다면 그건 충분히 크게 생각하지 않았다는 뜻이다. 그로부터 20년에 걸쳐 전 세계 수천 명의 창업가를 도우면서 나는 다음 사실을 배웠다. 통념을 벗어나는 사람이 되어야한다. 계획을 세우는 일은 그만두고 시작해야 한다. 모두가 앞으로 갈 때 옆으로가도 된다.

모든 것을 걸지 말라

회사든, 동네 일이든, 아니면 직장 내 혁신이든 무언가 새로운 시작을 꿈꾸는 사람에게 묻곤 하는 질문이 있다. "그렇다면 얼마만큼 해야 하는가?" 일반적인 대답은 이렇다. "전부를 걸어라." 수집해둔 야구 카드를 팔고, 집을 담보로 하고, 가지고 있는 모든 걸 투입하라는 것이다.

이쯤에서 맥도널드 창업자 레이 크록Ray Croc의 말을 되새길 필요가 있다. "위험을 감수하지 못하는 사람이라면 당장 사업에서 손을 떼라." 사업을 둘러싼 여러 다른 이야기와 마찬가지로 가지고 있는 모든 걸 걸어야 한다는 건 일종의 남성성을 과시하는 허세이다. '모든 걸 건다bet the farm'는 표현도 개척시대 서부Wild West의 포커판에서 유래한 것이다.

글쎄, 당신이 사춘기 소년이라면 모를까, 기업가라면 실속을 챙겨야 한다. 지금까지 내가 멘토를 맡았던 1천 명의 기업가 가운데 대다수가 위험은 최대로 부담하지 않았다. 오히려 최소한으로 줄이려는 사람들이었다. 위험을 부담하는 것과 줄이는 것, 그 사이에서 계속 균형을 잡는 게 기업가가 하는 일의 핵심이다.

you don't

NEED
=A=
Hoodie

"창업가가 되기 위해 후드 티를 입을 필요는 없다"

실리콘 밸리의 밑바닥에서 내가 배운 것

나는 에더닷컴Ether.com이라는 회사의 창업자였다. 이 회사가 킨닷컴Keen.com이 되었다가 마침내 인지니오닷컴Ingenio.com이 되었다. 회사를 처음 세운 건 1999년 4월이었다. 인터넷 버블 경제가 절정에 달했던 때로, 불과 몇 달 만에 나 혼자 파자 마를 입고 구상해서 만든 회사에 갑자기 5억 달러의 가치가 매겨졌다. 이후 이어 진 10년 동안 나는 롤러코스터에 탄 듯 올라갔다가 떨어지고, 낙심했다가 희열을 느끼길 반복했다. 모든 게 양극단의 사이에 있었다. 그 과정에서 나는 다음과 같 은 교훈을 얻었다. 스타트업의 시작점에 선 청년 창업자에게 도움이 될 것이다.

0에서 1이 되는 과정이 가장 힘들다

스타트업을 창업하고서 힘든 시간을 보내고 있다면 절망하지 말라. 좋은 소식 을 전하자면, 0에서 1까지 가는 바로 그 과정이 가장 힘들다. 처음에는 아무것도 가진 게 없다. 공동창업자도 없고, 직원도 없고, 고객도 없고, 돈도 없다. 누군가를 회사에 데려오려 해도 회사랄 게 없는 상황이다! 나와 내 아이디어, 그리고 열정 뿐이다. 마치 우주를 유영하는 우주 비행사처럼 출발해야 할 데가 없다.

음, 이게 바로 창업한 사람들이 결국 큰돈을 버는 이유이다. 이 과정의 어려움을 극복하면 다른 어떤 어려움도 전부 극복할 수 있다. 회사를 세우고 시간이 흐르면 사업 개발 계약을 따야 하고, 자금도 조달해야 하고, 일정에 맞추어 제품 개발도 해야 한다. 이런 일을 하기도 어렵겠지만, 그때쯤이면 당신에게는 완전체인 팀이 있고, 추진력도 있다. 한 대 전체의 우주선을 조종할 수 있는 셈이다. 이제 막 사업을 시작했다면 지금 하는 일만큼 어려운 일은 또 없을 것이다. 이를 위안으로 삼아 전속력으로 나아가라!

가능하면 물리적 산업을 피하라

디지털 시대의 부상은 일회성 사건이다. 과거에는 거의 항상 장년 세대가 청년 세대보다 사업상 움직임이 빨랐다. 현재는 그렇지 않은 매우 드문 시기이다. 청년 세대는 새로운 시대의 흐름을 이용하기에 남달리 적합한 사람들이다. 기성세대보다 디지털 문화를 더 잘 활용한다. 나는 마흔두 살이고, 이미 한물간 사람이다. 페이스북은 하지만 트위터는 하지 않는다. 그에 비해 청년인 당신은 트위터를 하고, 포스퀘어FourSquare, 위치 기반 SNS에 체크인하며, 하이라이트Highlight 애플리케이션을 통해 친구를 사귄다. 그러므로 디지털 회사를 세워 경영하는 일과 특히 잘 맞는다.

투자자들이 45세의 최고경영자보다 25세의 최고경영자를 선호하는 경우는 많지 않다. 단지 디지털 업계에서만 그렇다. 그리고 이러한 경향은 언제까지 이어질지 모른다. 앞서 내가 이것이 일회성 사건이라 말한 걸 기억하라. 실제로 디지털 기업에 투자하는 벤처 캐피털 투자자인 친구는 이렇게 말했다. "마흔 살이 넘은 창업자는 내 사무실에 들어올 수 없어." 이처럼 디지털 업계의 모든 환경이 청년 에게 우호적인 상황이다. 당신이 청년이라면, 가능하면 물리적 산업은 피하고 순 수 디지털 산업 쪽에서 창업하는 게 타당하다. 그 편이 창업이 훨씬 쉽고 속도가 빠르기도 하다. 니콜라스 네그로폰테 Nicholas Negroponte 교수 미국 MIT의 미디어 테크놀로 지 교수이며, 스스로 '미래를 발명하기 위해' 창립에 참여했다고 말하는 MIT 미디어랩의 설립자이자 초대 소장 — 역주 의 말을 빌리자면 "원자 atoms 가 아니라 디지털 비트 bits 로 시도하라."

지금 컴퓨터 공학을 공부하라

예일대학교에서 나는 영어를 전공했고, 부전공으로는 기계공학을 공부했다. 결국, 그다지 쓸모없는 공부였지만 말이다. 컴퓨터공학 수업을 더 들었으면 좋았을 것 같다. 가능한 한 젊은 나이에 컴퓨터 공학을 조금이라도 배우는 것이 나중에 필요성을 깨닫고 난 뒤 배우는 것보다 천 배는 쉽다. 컴퓨터 공학을 배우려면 세 세한 곳까지 주의를 기울여야 하기 때문이다. 콤마 하나라도 잘못된 자리에 넣으 면 전체 알고리즘이 작동하지 않는다. 서른 살이 돼서 이런 공부를 하려면 콤마 하나를 찾는 데 사흘은 매달려야 한다. 그에 반해 대학교 기숙사에서는 옆에 앉 아 있는 친구가 몸을 기울여 컴퓨터 화면을 쓱 보고 "어, 거기 콤마 하나 더 넣어 야 해."라고 말해 준다. 이런 분위기 속에서 서서히 배울 수 있는 것이다. 이런 상황 이 영원히 지속할 것 같겠지만, 내 말을 듣길 바란다. 특히 아직 학생이라면 이런 양질의 학습 환경은 다시는 만날 수 없다.

나와 상호 보완하는 능력을 갖춘 공동창업자를 찾아라

애플의 스티브 잡스나 마이크로소프트의 빌 게이츠처럼 위대한 기업가에게는 보통 서로 다른 기술을 지닌, 수염이 덥수룩한 공동창업자가 있다는 사실을 알고 있는가? 스티브 워즈니악 Steve Wozniaks과 폴 앨런 Paul Allen은 스티브 잡스와 빌 게이츠의 선견지명에 천재적인 기술력을 더했다. 수염이 있든 없든, 당신이 그다지 잘하지 못하는 부분을 채울 능력을 갖춘 공동창업자는 꼭 필요하다. 기술업계에서는 창업자 가운데 적어도 한 명은 기술 전문가인 편이 좋다. 그렇지 않으면 엔지니어나 컨설턴트들에게 휩쓸리게 된다. 그러므로 공동창업자와 지분을 나누는 것을 꺼리지 말라.

건포도 한 알 전부를 먹느니 수박 한 조각을 먹는 게 낫다

창업자의 지분을 분배할 때 다툼이 많이 일어난다. 하지만 화 낼 일은 아니다. 스타트업의 성공은 보통 이분적이다. 아주 큰 가치를 지닌 회사이거나 아니면 아무것도 없는 회사이거나. 그러므로 숫자 반올림에 연연하지 말고, 큰 그림 속에서 성공을 노려라. 지분을 두고 너무 인색하게 굴면 혼자 남겨질 수 있고, 그렇게 되면 회사는 그저 건포도만 한 크기 이상 성장하지 못한다. 하지만 회사가 크게 성공하면 수박처럼 커질 것이고, 누구나 넉넉하게 큰 조각을 먹을 수 있다. 그러니 자신의 지분을 최대한으로 늘리고 싶더라도 공정하게 나눠야 한다. 심지어 내가 손해를 본다는 기분이 들 정도로 말이다. 스타트업이 겨우 몇십만 불 정도의 가치만 매겨지는 경우는 드물고, 28%의 지분을 가진 사람은 행복하고 18%의 지분을 가진 사람은 불행해지는 그런 일도 드물다.

열차는 떠나야 한다

투자자를 만날 때 그들 중 누구라도 당신의 회사가 앞으로 나가는 데 자신의 투자가 절대적이라는 느낌을 받게 하는 건 좋지 않다. 투자자가 이런 느낌을 받으면 투자 결정을 몇 달이나 질질 끌며 회사의 평가 가치를 0으로 만들 방법을 찾는다. 결국, 초기 단계에 있는 스타트업은 주로 아이디어밖에 없으므로 누구나 마음만 먹으면 기업 가치를 수백만 달러에서부터 0으로까지 산정할 수 있다. 이런 상황을 피하려면 당신의 열차는 그들의 투자 탑승 여부와 관계없이 떠날 것이라는 점을 분명히 해야 한다.

10명의 벤처 투자자가 있다고 하자. 모두와 이야기를 나눠보았더니 다들 흥미를 보였지만, 처음으로 선뜻 투자에 나서려는 사람이 아무도 없다. 그러면 당신이 직접 추진력을 실어야 한다. 특정 가치 평가액을 기준으로 한 특정 조건 아래에서 자기 자본 조달을 하는 중이라고 이야기하고, 그렇지만 벤처 투자자의 투자도 받을 의사가 있다고 밝혀라. (합리적인 투자자의 수를 정하라.) 자기 자본 조달은 전혀 생각할 수 없는 상황이라면 친구나 가족, 혹은 자신에게 우호적인 엔젤투자자를 찾아라. 일단 기차가 출발하기만 하면 얼마나 많은 투자자가 타는지 깜짝 놀랄 것이다. 그렇게 당신이 직접 자본을 들일 필요가 없어질 때까지 투자를 받으면 된다. 출발해서 움직이는 열차를 보면 투자자들의 마음속에는 이상한 생각이 든다. 계약으로 인해 얻을 장점보다 다음번 대어를 놓치면 어쩌나 하는 조바심이 더 커지는 것이다. 열차가 출발하면 앞으로 나아가겠다는 갈망과 뒤에 남겨질지 모른다는 두려움, 두 가지를 전부 가져온다.

엔젤 투자자가 있으면 좋다 : 1천 명이 있으면 더 좋다

엔젤 투자자는 평화로운 과정을 거쳐 쉽게 사업에 참여한다는 점에서 훌륭하다. 회사에 엔젤 투자자가 많으면 어느 한 명도 지나친 힘을 휘두르지 않는다. 무엇보다 엔젤 투자자의 가장 좋은 점은 일단 그들이 사업에 참여하기 시작하면 당신의 편에 선다는 것이다. 엔젤 투자자는 당신이 일군 성공의 혜택을 받았기 때문에 당신을 위해서라면 무슨 일이든 할 것이다. 회사의 제품을 구매하고, 대형 투자자에게 소개하고, 좋은 소문을 낸다.

엔젤 투자자들의 최고 무기는 킥스타터Kickstarter, 미국의 온라인 크라우드 펀딩 서비스 ─ 역주이다. 킥스타터 커뮤니티가 지원한다면 그건 1천 명의 엔젤 투자자를 얻은 셈이다. 내 친구 한 명이 모바일 애플리케이션을 출시하기 위해 많은 투자금을 모집했다. 하지만 친구가 개발한 애플리케이션은 다른 회사에서 출시한 애플리케이션에 완패하고 말았다. 그 애플리케이션이 모집한 투자 금액은 친구 회사의 10분의 1밖에 되지 않았다. 하지만 그 투자금은 킥스타터의 1천 명 엔젤 투자자한테서 나온 것이었다. 이들은 투자자였을 뿐 아니라 고객이었고, 홍보대사가 되었으며, 애플리케이션 출시 초반에 중요한 모든 역할을 도맡았다. 앞으로 내가 어떤 프로젝트를 진행하게 되면 투자금이 필요하지 않아도 킥스타터를 통해 진행할 것이다.

이야기를 준비하고, 데모 제품을 빨리 선보여라

벤처 투자자들에게 회사나 제품을 홍보할 때 파워포인트 파일을 가져와 슬라이드를 한 장, 한 장 넘기며 거기에 적힌 주요 항목을 하나씩, 하나씩 웅얼웅얼 읽는 창업자가 있다. 이런 식이면 듣고 있는 투자가는 지루할 뿐이다. 이런 홍보 자리에서는 반드시 이야기를 준비하라. 도입부는 흥미진진하고, 당신의 회사가 승리의 영웅이 되어 끝나는 그런 이야기여야 한다. 파워포인트 슬라이드에는 그 이야기에 수반되는 정보와 그림만 있는 게 가장 이상적이다. 주연은 이야기가 맡아야한다. 이야기는 영겁의 시간 동안 인류가 정보를 전달하는 수단이었다. 투자자 앞에서 회사를 홍보할 때도 별반 다르지 않다. 이야기 일부로 직접 만든 데모 제품을 선보이는 걸 잊지 말라. 이왕이면 이야기의 앞부분에 보여주는 편이 좋다. 지금까지 회사를 홍보하는 발표나 사업 개발 회의에 많이 참석해왔는데, 내가 살펴보니 중요한 의사결정권자들은 발표하는 사람이 파워포인트 슬라이드를 뭐라 뭐라읽을 때는 꾸벅꾸벅 조는 경우가 많았다. 하지만 데모 제품 시연을 시작하면 바로눈을 떴다. 투자자들을 잠들게 하지 말라. 발표는 바로 마음을 사로잡는 이야기로시작하고, 관련 데모 제품은 초반에 선보여라.

좋은 일, 나쁜 일 같은 건 없다 : 그냥 일이 일어날 뿐이다

세상에 지대한 영향을 미치는 전문 경력을 쌓으려면 수십 년이 걸린다. 그런 경력을 쌓고 나면 나이가 들고, 그때쯤이면 수행 끝에 얻을 법한 이 모든 통찰력을전부 얻었을 것이다. 스타트업에서 경력을 쌓았을 때 좋은 점은 시간을 단축할 수있다는 점이다. 보통은 수십 년 동안 겪어야 할 수백 번의 부침을 단 몇 년 만에 전부 경험할 수 있다.

스타트업에서 일하면서 내가 겪었던 좋은 일, 나쁜 일을 전부 돌아보면 뭔가 이상하다는 생각이 든다. 좋았던 일은(당시에는 전부 좋은 일이라고 생각했던 일) 모두 나쁘게 끝났다. 예를 들면 우리 회사가 A리스트의 투자자를 모집했다. 당시에는 그저 좋은 소식이라고만 생각했다. 하지만 장기적으로 나중에 가서는 나쁜 소식이 되었다. 그 투자자가 형편없는 임원을 우리에게 보냈기 때문이다. 이와 반대로 나쁜 일들의 경우(당시에는 전부 나쁜 일이라고 생각했던 일) 대체로 끝이 좋았다. 때로 나쁜 소식 같았던 일이 성공적인 아이디어로 이어지기도 했다. 좋았던 일은 모두 안 좋게 끝나고, 나빴던 일은 전부 좋게 끝나면서 마치 포춘쿠키 안에 적혀 있는 글귀처럼 '세상에 좋은 일, 나쁜 일은 없다. 그냥 일이 일어날 뿐.'이라는 생각을 하게 되었다.

프로 포커 선수들이 좋은 예이다. 그들은 나쁜 패를 들고 시작할 때 이기는 경우가 많고, 에이스 두 장처럼 좋은 패를 가지고 시작하면 지는 경우가 많다. 그러니 '나쁜' 소식에 기죽을 것도 없고, '좋은' 소식에 과하게 신날 것도 없다. 매사를 있는 그대로 받아들이고, 그 상황에서 최선을 다하면 된다.

프레더릭 스미스 Frederick W. Smith

글로벌 운송 및 물류회사 **페덱스 코퍼레이션** 창업자, CEO 겸 회장

뜻밖의 위험을 피하는 방법

페덱스를 세웠던 때부터 지금까지 40년 이상의 시간을 돌아봤을 때, 다음 조언들을 처음부터 알고 있었다면 사업에 큰 도움이 되었을 것이란 생각이 든다.

첫째, 미리 써야 하는 비용을 줄이고 제품이나 서비스를 시장에 더 빨리 내놓을 수 있도록 '좋은' 해결책과 '최고의' 해결책을 잘 비교해서 평가해야 하는 능력을 키워라.

둘째, 사업 계획 당시에는 예상치 못한 부정적 영향을 미칠 수 있는 일이 외부에서 일어나지 않는지 주의하라. 돌발 상황에 대한 대응책을 미리 준비하라.

셋째, 어쩌면 가장 중요한 조언일지 모르는데, 한 번은 나이 든 내 친구가 이런 말을 한 적이 있다. "행복한 인생으로 가는 비밀은 오래 담아두지 않는 거야!"

사업을 시작할 때부터 이런 내용을 알고 있었더라면 아마 예상하지 못했던 위험 몇 개쯤은 피할 수 있었을 것이고, 도로를 달리다가 움푹 팬 곳이 나오면 분명방향을 바꿨을 것이다.

윌리엄 드레이퍼 3세William H. Draper III

벤처 캐피털 투자 사모펀드 **드레이퍼 리처드** 제너럴 파트너, **드레이퍼 리처드 캐플런 재단** 공동 이사장

사업가들이 가장 많이 저지르는 열 가지 실책

지난 50년 동안 나는 다양한 업계에서 일하는 많은 기업가와 함께 일할 기회가 있었다. 그러면서 그들이 반복적으로 저지르는 실수를 발견했는데, 모두 미리 막을 수 있는 것임을 알게 되었다. 기업가라면 실책을 저지르고, 그로 인해 시간을 낭비하는 일도 해보아야 한다. 하지만 누군가 내 조언을 듣고 일부라도 마음에 새겨 실책의 대가를 조금이라도 덜 치를 수 있다면 그 또한 가치 있는 일일 것이다. 그런 마음에서 흔히 저지르는 열 가지 실책을 짚어보고 그에 관한 조언을 하고자 한다.

시장의 규모와 신규 고객의 수를 지나치게 낙관적으로 예상한다

시장 조사라는 숙제를 해라. 잠재 고객의 수를 정할 때 앞으로 제품을 실제로 구매할 고객과 살지도 모를 고객 사이의 선을 흐릿하게 설정해 분간하기 힘들게 만들지 말라. 잠재 시장 점유율을 추산할 때 최대 가능 고객층에 임의적인 퍼센

티지를 적용하지 말라. 이를 세 단어로 줄이면 다음과 같다. '네 고객을 알라.'

시간표를 따른다

인지과학 교수이자 작가인 더글라스 호프스태터Douglas Hofstadter의 현명한 조언을 기억하라. "일을 마치기까지는 당신의 생각보다 오랜 시간이 걸린다. 호프스태터의 법칙Hofstadter's Law, 일을 마치는 데 예상한 것보다 더 오랜 시간이 걸리는 현상 ―역주을 미리 고려했을 때조차 그렇게 된다." 이 조언을 꼭 기억하라.

모든 일을 스스로 하려 한다

하루는 24시간뿐이고, 일반적으로 사람은 7시간 미만의 수면시간으로는 버틸 수 없다. 어쩌면 6시간 정도는 가능하려나. 또한, 모든 일에 전문가가 될 수는 없다. 업무 경험이 많은 팀을 꾸려라. 팀원 전원을 당신보다 똑똑한 사람으로 구성하면 된다.

엘리베이터 피치를 능숙하게 하지 못한다

회사의 가치 제안을 정확하고 간략하게 담은 엘리베이터 피치를 만들어서 연습하고, 외워라. 그리고 나서 회사 직원 전부가 똑같이 말할 수 있도록 준비하라. 일관성이 가장 중요한 목표이다.

필요할 때 인원 감축을 하지 않는다

인원 감축을 두려워 말라. 다소 체면을 구기는 일이기는 하지만, 생각만큼은 아니다. 시기적절하게 인원 감축을 하지 못해 파산하면 훨씬 크게 체면을 잃게 된다.

유연하게 대처하지 못한다

변화하는 현실을 받아들여야 한다. 시장은 움직인다. 새로운 경쟁업체가 나타난다. 이처럼 피할 수 없는 우여곡절을 처리하는 데만도 어쩔 수 없이 충분한 유연성을 발휘해야만 한다.

분명한 마케팅 계획을 수립하지 않는다

훌륭한 아이디어, 심지어 훌륭한 제품이 있다 해도 그것만으로는 충분하지 않다. 세상 사람이 어떻게 알고 그 제품을 찾을까? 스타트업은 영업과 마케팅에 자원을 충분히 배분하지 않는 경우가 많다. 그런 회사가 되지 말라.

친구들만 모아 이사회를 구성한다

모든 종류의 다양성을 추구하라. 업계 지식과 인맥, 운영 경험, 그리고 충분한 시간을 가진 사람을 찾으면 도움을 얻을 수 있다. 또, 같은 지역에 사는 사람이 아니면 피하는 게 좋다. 전화 회의만으로는 최적의 결과를 얻을 수 없기 때문이다.

경기 침체기에 아무런 조처를 하지 않는다

이러한 실책의 결과가 바로 인원 감축이다. 필요하면 인력 감축을 해야 할 뿐 아니라 납품업체의 단가도 할인하고, 더 좋은 서비스를 제공하고, 효율성을 높이고, 경쟁을 몰아붙여야 한다.

벤처 투자자에 접근하는 올바른 방법을 모른다

미리 준비하라. 이번 장과 이 책 전체를 읽어라. 당신의 회사가 해결하려는 문제가 어떤 문제인지, 그리고 목표로 삼는 고객이 어떤 사람들인지 매우 분명히 해두어라. 당신 자신과 회사의 핵심 직원들에 관한 상세한 정보를 제공하라. 첫 만남 후에 다시 연락하여 상황을 확인하는 걸 부끄러워하지 말라. 결국, 당신이 세계 최고의 제품이나 서비스를 만드는 것이다. 그렇지 않은가?

"피할 수 있는 실수라면 피하라"

존 카슨 Jon Carson

온라인 경매 전문 전자상거래 회사 **비딩포굿** 공동창업자 겸 CEO

시작할 때부터 끝을 그려야 한다

다음은 내가 네 곳의 스타트업을 거쳐오는 동안(두 곳은 성공, 한 곳은 중간, 나머지 한 곳은 사업 진행 중) 얻은 다섯 가지 깨달음으로, 수년 동안 실패와 학습을 통해 얻은 산물과 그저 일반적인 과거의 경험도 포함되어 있다.

현실은 우리의 친구이다

여기서 말하고 싶은 건 기회와 위험을 평가할 때는 현실적으로 생각해야 한다는 것이다. 기업가가 해야 할 가장 중요한 일은 위험을 관리하는 것이다. 위험을 관리하려면 현실적인 눈을 가지고, 기업가들이 흔히 저지르는 실수, 지나치게 낙관적인 생각으로 직원을 새로 뽑는다거나 시장 환경 등 여러 상황을 잘못 판단하는 일을 피해야 한다.

무엇을 믿어야 하는가?

새로운 시장, 새로운 협력관계, 새로운 제품 등을 바라볼 때 종이 한 장을 꺼내 제목에 쓰면 아주 좋을 질문이다. 제목 아래에는 그에 대한 자신의 의견과 의견의 바탕이 되는 핵심 가정을 적어본다.

일할 계획을 세우고, 계획대로 일하라

당신에게는 계획이 필요하다. 그저 간단하게 몇 가지 주요 단계와 그와 관련한 중요 하부 요소 정도를 적은 정도라도 괜찮다. 일단 무슨 일을 해야 할지 알았다면, 실행에 초점을 맞춰야 한다.

시작할 때부터 끝을 염두에 두라

≪성공하는 사람들의 7가지 습관≫이라는 유명한 책에 나오는 내용으로, 상당히 중요한 통찰력을 보여준다. 우리가 어디로 가는지 모르면, 절대 그곳에 도착할 수 없다.

채용은 기껏해야 50/50의 도박일 뿐이다

팀을 구성하려면 뛰어난 인재를 채용하는 일이 꼭 필요하지만, 쉽지는 않다. 면접에 뛰어난 사람은 많은데, 이들의 우수함은 거기서 끝난다. 어떤 사람은 평판이 좋아서 뽑았는데, 내가 채용한 사람이 과연 그 사람이 맞는지 의심스러워지는 경우도 있다. 또, 어떤 때는 별로 기대하지 않은 직원의 성과에 깜짝 놀라기도 한다. 내가 가장 자주 던지는 면접 질문은 "자신에 대해 들어본 최악의 평판은 무엇입니까?"이다. 이 질문에 "일을 너무 열심히 한다는 겁니다."라고 아무렇지 않은 표정으로 대답하긴 어렵다. 또, 주요 후보자를 평가하는 테스트를 해보면 더 많은 걸 알 수 있었다. 마지막으로, 뒤에서 평판 조회를 하는 게 제일 좋은 방법이다. 후보자와 직접 겨루기는 어렵다.

마커스 모버그Markus Moberg

입시 대비 컨설팅 업체 베리타스 프렙 공동창업자 겸 CEO

모 아니면 도라고? 아니, 오래 하면서 즐겨라!

인스타그램Instagram이나 자포스Zappos처럼 비싼 가격으로 매각된 회사를 보고 창업을 꿈꾸는 사람들이 많다. 하지만 이렇게 큰돈을 버는 회사는 예외적인 경우일 뿐, 늘 그런 건 아니다. 정말 사업가가 되고 싶다면 회사를 만들어 경영하는 일을 즐기기 때문이어야 한다. 당신이 원하는 게 큰돈을 버는 것뿐이라면 일하는 시간의 반은 벤처 투자자들 앞에서 회사를 홍보하고, 나머지 반은 간절하게 신에게 기도만 하면서 보낼 것이다. 그러면서 여러 일을 겪고 즐겁기도 하겠지만, 제대로 오래가는 회사를 세우지 않으면 2~3년마다 한 번씩 처음부터 다시 시작해야 할 가능성이 크다.

'꿈을 따르라'는 말에는 오해의 소지가 있다

물론 우리는 좋아하는 일을 해야 한다. 하지만 놀랄 정도로 그 일을 잘하는 게 아니라면 취미로 삼아야지 직업이 돼선 안 된다. 꽤 좋아하면서도 타고나길 잘하는 일을 찾는 게 중요하다. 그게 어떤 건지 아직 잘 모르겠다면 여행도 다니고, 멋진 회사에서 일해보기도 하고, 아니면 학교로 돌아가 2년 정도 공부를 더 하는 것도 좋다.

모든 직원은 3개월 수습 기간부터 시작한다

새로 뽑는 모든 직원에게 3개월 뒤에 근무 평가를 받을 것이며, 평가 결과에 따라 고용 연장 여부가 결정된다고 말하라. 그리고 평가 기준을 분명하게 제시하라. 좋은 직원이라면 근무 초반에 엄청난 노력을 기울일 것이고, 이런 모습이 향후 오랫동안 근무 태도로 고정된다.

주별로 직원들을 확인하는 시간을 가져라

당신에게 직접 보고하는 직원들을 대상으로 한 명당 매주 30분씩 만나 어떤 도움이 필요한지 물어보라. 그리고 지금 하는 일에 대해 어떻게 느끼는지 물어라. 어떤 경력을 쌓고 싶은지 물어라. 당신이 해결해 줄 수 있는 장애물이 무엇인지 확인하라. 어떻게 하면 그 직원의 생활이 더 편안해지게끔 해 줄 수 있을까? 당신이 진심으로 마음을 쓰고 있다는 걸 알면 그 마음에 화답할 것이다. 또한, 매주 불만을 이야기할 기회를 주는 것이기 때문에 직원들이 좌절감을 억누르고 있는 상황을 피할 수 있다.

비교적 빠르게 해고하라

성과가 좋지 못한 직원은 그다지 행복하지 않을 가능성이 크고, 그런 사람은 조직 문화에 암적 존재가 될 수 있다. 당신이 원하는 바를 더는 성취하지 못하거나 무슨 이유에서든 조직에 융화하지 못하는 직원이 있다면, 그 직원에게 특별히 바라는 성과나 행동이 있는지 생각해본다. 그러고 나서 그 직원을 불러 매우 구체적이고, 정량화할 수 있는 목표를 제시하고 다음 두 달간 달성해 주었으면 좋겠다고 전한다. 주어진 두 달의 시간 동안 요구사항을 만족시키지 못하면, 그 직원은 내보내야 한다. 절대 후회하지 않을 것이다.

현금을 아껴라

돈이 있다는 이유로 쓰면 안 된다. 언젠가 사업이 침체기에 접어들 때를 대비하라. 기업가의 자리는 완전한 실력주의를 바탕으로 한다고 말할 수 있지만, 기업가로 오랜 경험을 쌓은 사람들은 성공과 실패를 좌우했던 주요 요소는 운이었다고들 한다. 그러니 언젠가 불운의 퍼펙트 스톰 두 가지 이상의 악재가 동시에 발생해 나쁜 영향력이 더욱 커지는 현상 —역주 이 찾아와도 잘 헤쳐 나갈 준비를 해둬야 한다.

완벽주의와 거듭되는 제품 시험으로 회사가 멈추어선 안 된다

일반 회사의 업무처리 방식을 고집하지 말라. 일단 시장에 제품을 출시해 판매하라. 이런저런 부가기능을 과감히 생략하고 제품의 핵심이 제대로 작동하는지만 확인하라. 제품을 개선하거나 기능을 추가하는 건 나중에 얼마든지 할 수 있다.

변호사를 멀리하라

누군가 당신의 아이디어를 훔쳤는가? 훔쳐간 사람보다 더 멋지게 실행하면 된다. 누군가 당신의 제품에 대해 잘못된 정보를 전하는가? 긍정적인 후기로 시장을 뒤덮으면 된다. 상대 기업이나 개인을 법정까지 끌고 가는 건 최후의 수단이 되어야 한다. 법정 싸움을 시작하면 자원이 소모되고, 사업에 집중할 수 없다. 그리고 대부분 경우 판결 내용과 관계없이 법정 싸움의 승자는 변호사뿐이다.

전통적인 방식의 광고는 기존 브랜드를 위한 것이며, 스타트업은 그 비용을 감당할 수 없다

구찌Gucci나 포드Ford를 경영한다면 신문이나 TV가 훌륭한 광고 수단이 된다. 하지만 그들처럼 현금을 동원할 수 있기 전까지 그런 매체는 잊어라. 대신 검색 엔진 최적화SEO나 클릭당 지불PPC, 아니면 홍보 회사를 찾아라. 제품 정보를 공유하는 것보다 사업과 관련된 좋은 이야기를 들려주는 쪽이 훨씬 광고 효과가 크다.

기업가는 오전 9시에 출근, 오후 5시에 퇴근하는 자리가 아니다

때로는 오전 9시부터 오후 5시까지 일하지만, 또 때로는 일주일 내내 혹은 몇 달 동안이나 새벽 5시부터 저녁 9시까지 일하기도 한다. 그러다 또 때로는 일주일에 3일만 일한다. 핵심은 근무시간을 유연하게 해야 한다는 것이다. 일할 때는 열심히 하고, 시간이 괜찮을 때는 편안히 쉬며 즐겨라. 처음 2년 정도는 수없이 밤새는 나날과 가난을 각오해야 한다. 하지만 회사가 잘 운영되기 시작하면 당신이 없어도 회사는 무너지지 않으므로 한 달 정도는 쉴 수 있다.

스스로 생사를 결정하라

당신이 내놓을 제품이 어떻게 보여야 하고, 어떻게 작동해야 하는지 자신의 생각을 믿어라. 당신의 취향이 대중의 취향과 맞는다면 회사를 세울 수 있다. 그렇지 않다면 적합하지 않은 업계에 발을 들인 것이다. 제품에 관한 분명한 관점이 없다면 아직 사업을 시작할 때가 아니다. 다른 사람들은 무엇을 원하는지 알려고 하거나 여러 사람이 모인 '위원회'를 통해 제품을 만들려 하면 독창성 있는 제품은 절대 나올 수 없고, 시장에서 경쟁우위를 누릴 수도 없다.

아이디어는 아주 유용하다.

하지만 실행이 전부이다.

"놀라운 사람이 돼라"

START 시작의 기술

초판 1쇄 인쇄일 2021년 1월 21일 • 초판 1쇄 발행일 2021년 1월 28일
지은이 크리스 로프레스티 • 옮긴이 두지영
펴낸곳 도서출판 예문 • 펴낸이 이주현
편집기획 김유진 • 마케팅 김현주
등록번호 제307-2009-48호 • 등록일 1995년 3월 22일 • 전화 02-765-2306
팩스 02-765-9306 • 홈페이지 www.yemun.co.kr
주소 서울시 강북구 솔샘로67길 62(미아동, 코리아나빌딩) 904호

ISBN 978-89-5659-389-0 13320